Anton von Etzel

Vagabondentum und Wanderleben in Norwegen

Anton von Etzel

Vagabondentum und Wanderleben in Norwegen

ISBN/EAN: 9783743378117

Hergestellt in Europa, USA, Kanada, Australien, Japan

Cover: Foto ©Andreas Hilbeck / pixelio.de

Manufactured and distributed by brebook publishing software (www.brebook.com)

Anton von Etzel

Vagabondentum und Wanderleben in Norwegen

Vagabondenthum und Wanderleben

in

Norwegen.

Ein

Beitrag zur Cultur- und Sitten-Geschichte

von

Anton von Etzel.

Carl Heymann's Verlag
(Julius Imme.)
Berlin, 1870

Inhalt.

	Seite
Das Fantenthum und die Sköier	1
Die Tater	34
Das verschmolzene Vagabondenvolk	73
Die Waldfinnen und die Bettellappen	87
Die Zukunft des Fantenthumes	119

Vorwort.

Länder- und Völker-kunde scheinen heutigen Tages, wo das Reisen epidemisch geworden, wo die eisernen Verkehrsstrassen Alpen überschreiten, das Urgestein durchbohren und Meeresarme überbrücken, wo klug rechnende Unternehmer Genossenschaften um sich sammeln und, die Kosten reduzirend, sowohl in unserem Erdtheile rund umher, als auch in ferne Zonen führen, ein Allgemeingut geworden zu sein, so dass es fast als gewagtes Unternehmen erscheint, Zustände eines Nachbarlandes als neu, und genügendes Interesse in sich selbst tragend um ein Lesepublikum eine kurze Spanne Zeit zu fesseln, in den Druck zu bringen. Aber gerade aus der Allgemeinheit und Leichtigkeit des Reisens schöpft der Herausgeber dieser Skizzen den Muth hierzu. Der flüchtig Reisende kann nur flüchtig den Blick auf das fremde Land richten und nur das, auf der Oberfläche der geselligen Zustände strömende Leben erkennen; in eine grössere Tiefe desselben vermag er nicht zu dringen. Was in den nachfolgenden Blättern geboten wird, ist desshalb sicherlich dem allergrössesten Theile des lesenden Publikums neu und wird auch der Mehrzahl derjenigen, jetzt alljährlich zunehmenden Touristen, die ihre Fahrt nach dem skandinavischen Norden richten, Ueberraschendes bieten, denn die geschilderten Zustände sind, wenn auch oft dicht benachbart, doch nicht gerade auf der Touristenstrasse zu finden, auf welcher sich, in aller Herren Lande, die Zustände durch vermehrte gegenseitige Berührungen und Wechselverkehr mehr und mehr nivelliren und ausgleichen.

Selbstverständlich konnte sich der Herausgeber nicht auf seine eigenen Beobachtungen beschränken, sondern musste auf fremde Anschauungen zurückgehen, welche aus der Quelle langjähriger Betrachtung und ernstester Forschung geschöpft wurden. Als vor jetzt fast vollendeten dreissig Jahren — zu einer Zeit, wo der Entschluss, eine erste selbstständige Reise nach dem skandinavischen Norden zu richten, dem 19 jährigen Offizier nahezu als eine krankhafte Idee ausgelegt wurde — der Zufall den Herausgeber in der Nähe von Throndjhem Zeuge eines Hausfriedensbruches und des sich daraus entspinnenden Kampfes, der sogar den robusten, muthigen Skydsbonden, welcher ihm den Postdienst leistete, in bebende Angst versetzte, werden liess, machten diese Scene und die fremdartige Erscheinung der schwarzhaarigen, ihm damals nur als so angebräunt geltenden Angreifer, inmitten der blauäugigen, blonden Hofbewohner, einen solchen Eindruck auf ihn, dass sich derselbe nie wieder verwischte. Zu karakteristisch war das äussere Gepräge der wüsten Gesellen gewesen, um nicht, bei späteren Begegnungen in Böhmen, Ungarn, der Türkei und namentlich der Wallachei und den übrigen Donauprovinzen, augenblicklich die Stammeseinheit der Zigeuner mit denselben zum Bewusstsein kommen zu lassen. Welche Freude es daher dem Herausgeber gewährte, etwa nach einem Jahrzehent, diese selbst gemachte Bemerkung durch wissenschaftliche Nachweise bestättigt zu finden, möge sich der Leser selbst vorstellen. Die, damals in Folge von vielfachen Beschwerden über die Landplage des Vagabondenthums angestellten Forschungen wiesen die Existenz von ächten Zigeunern in Skandinavien zur Genüge nach und enthüllten ein, zwar in einzelnen Zügen entsetzliches, aber unbedingt interessantes Bild der niedrigsten gesellschaftlichen Verhältnisse. Um der, gleich einem Krebsschaden fressenden Wunde Halt zu gebieten, war eine Sondirung derselben nothwendig und wurde diese einem jungen Geistlichen, Eilert Sundt, übertragen, der den Beruf in sich fühlte, seine ganze Kraft an die Aufklärung der Verhältnisse des Vagabondenthums zu setzen, um den staatlichen Behörden die Mittel zu dessen zweckmässigster Behandlung an die Hand zu geben. Seine vielfachen Erfahrungen — gesammelt nicht nur auf schwierigen Rundreisen in Karre und Boot, in den entlegensten Fjeld- und Fjord-distrikten und verborgensten Waldbezirken, sondern auch im persönlichen Verkehr mit der Vagabonden-und selbst Verbrecher- Welt der Arbeits- und Zucht- häuser, in welcher er zugleich mit ihrer Kenntniss eine Art Machtstellung und auf Achtung basirte Anerkennung gewann, so wie endlich noch durch anhaltendes und genaues Studium der Protokolle der Administrativ- und Justiz-Behörden — legte er nieder in zahlreichen Berichten und einem, aus Mitteln der Staatskasse herausgegebenen, umfangreichen Buche, dem noch jetzt, in zwar nicht regelmässiger, aber doch ununterbrochener Folge statistische Tabellen über das Vagabondenthum, über die Sittlichkeits- und Mortalitäts-Verhältnisse, über Zahl und Art der Verbrechen u. d. m., gesellt werden. Diese Schriften enthalten und lieferten den Stoff, welchen der Herausgeber zu diesen Skizzen gestaltete, die er dem Leser zu freundlicher Aufnahme unterbreitet.

Berlin, im November 1869.

Anton von Etzel.

Das Fantenthum und die Sköier.

Oft unterbricht seit Menschengedenken die Einsamkeit und Stille der norwegischen Wälder wüster Lärm und wildes Geschrei. Ueber die Berge und Thäler getragen dringt das Getöse in die benachbarten Wohnsitze, erschreckt die Weiber und Kinder bis zu lautloser Unthätigkeit und jagt die Männer, mit Stangen und Stricken versehen, von ihren Arbeitsplätzen hin zu dem Orte, der sich ihnen leicht als Ursprung desselben verräth. Sie finden einen in heissester Wuth entbrannten Kampf, an dem sie sich, ohne nur versuchte Ergründung der Ursache und ohne eine bestimmte Parteiung zu beweisen, mit kaum geringerer Rohheit, als die der beiderseitigen Gegner, betheiligen, um dieselben zu trennen und oft selbst unter argen Misshandlungen zu fangen. Sind doch die Kämpfenden nur die verachteten „Fanten"!

Wer aber sind diese in einzelnen Schaaren von Frauen und Kindern begleiteten wüsten Gesellen? in deren Seelen der Hass und Neid gegen das sesshafte Volk wohnt und in Rückwirkung dessen Feindschaft und Verachtung weckt, ja, in deren Gemüthern selbst der Unfrieden hell aufflammt, wenn sie sich und ihresgleichen unerwartet auf ihren verborgenen Pfaden treffen, so dass sie, auf einander losschlagend, durch ihr Geschrei und Geheul den gemeinsamen Feind herbeirufen? Es ist ein eigenthümliches Geschlecht, ein Volk düsteren Ansehens. Wohl hat es einst bessere

Tage gesehen, in denen es heiter und froh war und mit leichtem Sinne den schwierigen Pfad des Lebens beschritt; jetzt aber ist es alt und müde und über seine Erinnerungen legte sich ein so dichter Schleier, dass es selbst nicht mehr im Stande ist eine genügende, zusammenhängende Erklärung seines Ursprungs, seines Strebens und des Zweckes seiner Wanderungen zu geben. Laster und Verbrechen entstellen sein Antlitz, und wenn auch nicht alle Züge der Anmuth von demselben verwischt sind, entbehrt es jedoch jener Schönheit, die gleichzeitig anzieht, überwältigt und Achtung gebietet, weil sie von Geistesreinheit und edlem Muthe Zeugniss ablegt. Es hat sich überlebt, zersetzt durch Aufnahme fremder und noch dazu meist unreiner Elemente und es scheint ihm sein heimathloses umherirrendes Dasein nur gefristet, um ein warnendes Bild des tiefsten Elends aufzustellen, in welches der Mensch versinken kann.

Ueber den Ursprung und die Herkunft des, nomadisirend unter der übrigen Bevölkerung Norwegens herumziehenden Geschlechtes sind Gelehrte und Volk seit Jahrhunderten uneins, eins aber in der Ueberzeugung, dass es Fremdlinge unter der heimischen Menge jederzeit gewesen, die den Stamm dieses Geschlechtes bildeten. Man hatte schon früh eine eigenthümliche, von der allgemein herrschenden sichtlich abweichende Ordnung, sowie gegenseitigen Zusammenhang unter den einzelnen Schaaren der Nomadisirenden erkannt und dadurch eine eigene Nationalität vermuthet, der man als Volksnamen den Ausdruck „Fant" beilegte. Von dem altnordischen Worte „fantr" abstammend, unterlag das Wort in Norwegen vielfach geänderten Deutungen. Ursprünglich Waffenträger der Ritter bezeichnend, ging es im Mittelalter auf alle Diener und Boten in Begleitung vornehmer reisender Herren, namentlich der Geistlichen, über und erhielt sich noch in diesem Sinne als bäuerliche Bezeichnung für diejenigen Bureaubeamten, die den Sorenskriver, den geschworenen Richter der 64 Untergerichte Norwegens, auf den Thingreisen begleiten. So schlich sich denn nach und auch die Bedeutung eines Reisenden, Fremden, in das Wort ein und verknüpfte damit die Vorstellung von etwas Ungewöhnlichem, Unergründlichem, Unzuverlässigem; auch in der Volkssprache verdrängten die Veränderungen der Zeit die Hauptbedeutung des Wortes und liessen es nur für die Nebenbedeutungen gelten, vervielfältigten es aber in dieser Richtung, so dass es eins der beliebtesten Schimpfworte des Pöbels in ganz Norwegen wurde. Macht sich Jemand durch irgend Etwas lächerlich oder missliebig, so erhält er den Namen von dieser Eigenschaft mit dem angehängten: „Fant". Der Aberglaube fasst alle übernatürlichen Begebenheiten und Mysterien der Zauberkunst unter der Bezeichnung „Fanterie" zusammen. Unzuverlässigkeit und Unredlichkeit, aber auch unverschuldete Armuth, Treulosigkeit und Versprechensbruch, Flucht aus gesetzlichem Dienstverhältniss und noch viel mehr desgleichen wird mit „Fant sein" oder auch „fantegehen" bezeichnet. Der Gebrauch dieses Wortes ist manchesmal das Signal zu blutigen Schlägereien, wird aber andererseits wiederum so häufig angewendet, dass es unter Umständen seine Kraft verloren hat und, ohne Anstoss zu erregen, als scherzende Ansprache unter den besten Freunden gebraucht werden kann.

Die Anwendung als Volksname deutete wohl ursprünglich auf die nicht verborgen gebliebene Eigenschaft dieser Schaaren, stets auf Reisen und überall fremd zu sein. Als aber das Bestehen und Aufrechterhalten einer gewissen Ordnung bei denselben erkannt wurde und sich die herumstreifenden Müssiggänger nicht als völlig loser Haufen herausstellten, sondern als vollständige Familien zeigten, die sich nur ausserhalb des übrigen Volkes von Generation zu

Generation fortpflanzten, da wurde der Ausdruck „Fant" die Bezeichnung einer besonderen Kaste. So einmal angewendet, wurde er von den damit bezeichneten Menschen selbst für ihre Beziehungen zu dem übrigen norwegischen Volke gebraucht und bezeichnete Fant nun einen von der herumstreichenden Mutter, etwa unter einem Busche oder unter einem Holzschuppen geborenen Sprössling, der als Säugling auf dem Rücken der Mutter und dann später, ihr folgend, auf der Landstrasse aufwuchs, um frühzeitig in einer dieser Horden die, gleich ihm an der Hand der wandernden Eltern herangezogene Genossin zu finden. Mit derselben und der gemeinsamen Nachkommenschaft — einer Schaar schon ergrauter Kinder und rascher, kräftiger Enkel und auch deren wohlgediehenen Kleinen — sammelt er sich oft um einen, ihnen allen widerspruchslos gebietenden Altvater oder eine Altmutter. Treibt Leichtsinn, wie es oft geschieht, tief gesunkene Mitglieder der ursprünglich besseren Gesellschaft in die Reihen der Fanten, so erhalten dieselben wohl auch deren Namen, doch jederzeit mit irgend einem bezeichnenden Zusatze, welcher daran erinnern soll, dass sie, nach dem allgemeinen Ausdrucke: „vom Volke hergekommen sind," das heisst, von ansässigen norwegischen Leuten abstammen; sie sind also gewissermassen nur naturalisirte, keine ächten Fanten. Zwei besondere Züge verbinden sich auch noch mit dem Ausdrucke Fant als Volks - oder Kastenbezeichnung, die karakteristisch genug für seine richtige Anwendung sprechen. Einerseits die, durch Erfahrung bis in die neueste Zeit fast überall bestätigte Annahme, dass der Fant ohne Taufe, fern von der im Lande herrschenden Religionsgesellschaft bleibt, andrerseits sich aber in eine Horde, Bande oder Schaar eingeordnet hat, die mit ihresgleichen wieder eine eigene Gesellschaft bildet und auch eine eigene, jedem Nichtfanten fremde und unverständliche Sprache zu reden weiss. Alle üblen Eigenschaften, welche dieser herumstreichenden Kaste anklebten — durch welche sie einen höchst unvortheilhaften Einfluss auf die Stimmung der gastfreien grossen Menge gegen fremdländische Reisende ausübten und, an Stelle früherer Leichtgläubigkeit und Guthmüthigkeit, bei denselben oft Furcht und Verdacht anregten — verschmolzen nun wieder zu dem Begriffe von etwas Verdächtigem und Unheimlichem, der sich unlösbar mit der Bezeichnung Fant für diejenigen verband, die sich durch ihre Geburt als solche erwiesen. So wurde — nachdem die Fanten erst einmal ihren Weg in die wildromantischen Thäler gefunden und zum Schrecken und Verderben der, in den menschenarmen Gegenden zerstreut und einsam wohnenden Bauerfamilien, dieselben wiederholt durchzogen — schon der blosse Name ganz allgemein als Schreck- und Drohwort für ungezogene, schreiende kleine Kinder gebraucht. In dem Ammenrufe: „Wenn Du nicht still wirst, kommt der Fant und holt Dich!" erhält das Wort also fast dieselbe Bedeutung mit dem ihm so nahe klangverwandten „Bösen" dem „Fand" (Teufel) selbst.

Aus diesen Gründen ist es daher nicht überraschend, dass die Landstreicherkasten, in Uebersehung der ursprünglich besseren Bedeutung, die Benennung „Fant" sehr übel nehmen und dass die grosse Menge im direkten Verkehr mit ihnen sich anderer Bezeichnungen, meistens den ihnen eigenthümlichen Handthierungen entlehnt, bedient. In einzelnen Gegenden der Stifte Bergen und Trondhjem existiren aber auch nebenher Bezeichnungen gleich dunklen Ursprungs, wie z. B. Splinter, Fusser, Farker, die ganzgenau dem Ausdrucke Fant in allen seinen Beziehungen und Anwendungen auf die Kaste entsprechen. Sie selbst aber wenden häufig auf sich im Verkehr mit den ihnen nicht Angehörigen Namen an, die sich auf ihre seltsame, ruhelose Lebensweise beziehen und nennen sich: „Streicher";

„Läufer"; „Fahrende"; „Schweifende" und vorzugsweise: „Stableute"[1]) und „Zögernde"[2]). Dass die Fantenhorden übrigens eine nicht unbedeutende Rolle im Volksleben schon vor der Erwähnung des norwegischen Bischofs Pontoppidan gespielt, beweist eine weitverbreitete Sage, nach der die Bauern in alten Tagen Haus und Scheuer Tag und Nacht offen stehen lassen konnten, aber von der Zeit ab, wo die Fanten ins Land kamen, Schloss und Riegel vor ihre Thüren legen mussten. Ausserdem erhält sich im Gedächtniss des Volkes manche Erinnerung an berüchtigte Fanten und ihre Thaten; wie man auch die einzelnen Banden nach ihren Stammbäumen sechs und mehrere Glieder weit hinaufzählen kann. Woher aber kamen diese fremdartigen Wanderer, die sich so hohe Aufmerksamkeit zuzogen, dass sie in die Tradition und Sage übergingen, und die nicht in den einzelnen, sondern in allen Distrikten fremd erschienen? Sitten, Lebensweise und ihre dem Uneingeweihten völlig unverständliche Sprache stempelten sie unzweifelhaft als Ausländer; ein spezielleres Vaterland gaben ihnen aber in den verschiedenen Distrikten, die verschiedenen Beziehungen zu fremden Nationalitäten. So stempelte in Thelemarken die Erinnerung an deutsche Bergleute, die, durch Christian III. in das Land gezogen, von der Arbeit in den Bergwerken in die Wälder entwichen waren und sich auf Räuberei geworfen hatten, sie zu sogenannten „Wilddeutschen"; wie denn auch noch heut ein Kauderwelschen, in einer dem Nichteingeweihten unverständlichen Weise, mit fast allgemeinem Volksredebrauch „tydske" oder „deutschen" genannt wird. Allgemeiner ist aber die Annahme eines „finnischen" Ur-

---

1) Stavkarle. Von Stav (Wanderstab) und karl. (Mann).
2) Trae-dragere. Von traet (müde, langsam) und drage (ziehen, wandern).

sprungs der Fanten, denn seit Arilds Zeiten haben die Finnen in der Phantasie der Norweger den Reiz eines geheimnissvollen Zaubervolkes besessen, und die Ausübung magischer Künste und die mancherlei mystischen Mittel für Wohl und Wehe des Viehs (die anzuwenden und zu verwerthen die Fantenweiber vorzugsweise lieben) machten es natürlich, dass mit dem Erbe der abergläubigen Vorurtheile grauer Ferne auch der Wahn eines gemeinsamen Ursprunges mit den wirklichen Finnen auf diejenigen Fanten übertragen wurde, die jetzt die dämonischen Künste jener ausüben.

Die hier entwickelte Volksansicht war bis vor wenigen Jahrzehnten das Allgemeine und Einzige, was man über diesen Auswurf der norwegischen Bevölkerung wusste und liess man sich dabei begnügen; hatte es doch weiter kein Interesse, dem Ausschusse der, dem Lande eigenthümlichen, niedrigsten Volksklassen bis zu seinem Ursprunge nachzuspüren. Erregte die häufige, jedoch stets zufällige Begegnung einer wandernden Fantenhorde oder Familie durch den Anblick der fremdartigen Gestalten mit den schwarzen Augen und dunklem Teint, den wirklich orientalischen Gesichtern, die nicht ganz vereinzelt unter denselben zu finden sind, auch momentane Verwunderung, so erweckte dieselbe doch eben nur in dem Gebildeten die Erinnerung an die dunklen Sagen von Zigeunern, die in alten Tagen aus dem fernen Osten auf abentheuerlichen Zügen sich in die höher civilisirte Welt gewagt haben sollen, man bekam aber darum noch nicht Lust sich mit diesem „Pack" einzulassen. Erst 1845, fast ein Jahrhundert nach der einzigen literarischen Erwähnung derselben durch Bischof Pontoppidan, erliess das Regierungsdepartement, beinahe zufällig auf das Unwesen der Fanten aufmerksam geworden, die Vorschrift: bei der bevorstehenden Volkszählung durch Anlage besonderer Rubriken Aufklärungen über die Zahl, die Namen, die Lebensweise und

Verhältnisse der Horden sowohl, wie der einzelnen Mitglieder derselben, zu beschaffen. Hierdurch wurde allgemeine Aufmerksamkeit auf dieses Nationalübel, das für viele, nicht aus den Städten herausgekommene Norweger etwas völlig Neues war, gerichtet, und die Tagespresse wiederhallte eine Zeit lang von Verwünschungen über die so tief eingewurzelte Ruchlosigkeit inmitten der sittlichen, christlichen Bevölkerung eines civilisirten Landes. Bei den gewonnenen dürftigen Resultaten dieser Zählung wurde aber gerade dasjenige, was zur Erklärung und milderen Beurtheilung des plötzlich zu Tage getretenen Ungeheuren dienen kann, nämlich, dass die Fanten lange Zeiten hindurch von Geschlecht zu Geschlecht zusammen und im geheimnissvollen Kastenwesen gelebt haben und so sich selbst von dem wohlthätigen Einfluss der civilisirten Welt absonderten, beinahe völlig übersehen. Der Zug, der hier gerade vom grössten Interesse ist, dass die Fanten unter sich eine fremde Sprache reden ist nur beiläufig und in einem einzigen Falle bemerkt, so dass sich der ¡Wahn immer mehr befestigte: die Fanten seien ein, in früheren Zeiten zusammengelaufenes loses Volk, ausgestossen oder freiwillig ausgeschieden aus der Gemeinschaft der civilisirten Gesellschaft, gleichsam ein Ausschuss der, dem Lande eigenthümlich angehörenden niederen Volksklassen, — vermischt mit flüchtig aus Schweden die Grenze überschreitenden Verbrechern und Landstreichern, mit verlaufenen „Wilddeutschen" und verarmten und entarteten Finnen — deren geheimnissvolle Sprache, wenn sie wirklich vorhanden, höchstens eine Diebssprache sein könne, von ihnen selbst erfunden zum Schutz und Trutz gegen das Gesetz und dessen Wächter.

Noch selbst in dem allgemeinen Glauben befangen, fand im Jahre 1847 der damalige Kandidat der Theologie, Eilert Sundt, bei einer Tour durch das westliche Norwegen, Gelegenheit Vieles über die ihn interessirenden Fanten zu hören und suchte er sie, durch sein reges Interesse für das eigenthümliche Volk bewogen, noch im selben Herbste in ihren sonst gemiedenen Schlupfwinkeln auf und trat thatsächlich mit ihnen — wenn auch nicht in ihrem freien und natürlichen Zustande, sondern in Arbeits und Besserungshäusern — in einen näheren Verkehr. Auf seinen Bericht hin erhielt er, seinem Ansuchen gemäss, aus der Staatskasse die Mittel zu einer zweiten Untersuchungsreise, um weitere Aufklärungen über die, durch ihn in ein ganz neues Licht gesetzten Verhältnisse und Sitten des Fantenvolkes herbeizuschaffen. Diese Reise ergab ein höchst merkwürdiges und fast unglaubliches Resultat. Er trat dieselbe im Sommer 1848 an, zog von Christiania aus durch Romerike, und wurde hier, da die Fanten den Sommer über nach Norden zu ziehen pflegen, gegen-Kongsberg gewiesen. Einzelnen Winken und Rathschlägen folgend, ging er von hier zu den Finnen in den Solöer Finnwald, fand aber auch dort keine Fanten; man wies ihn überall weiter nach Norden, nach Osterdalen und seinen Seitenthälern und von dort wieder weiter weg. Aller Orten kannte man wohl die Fanten, aber Niemand wollte wissen, wohin sie gehörten und in welchem Distrikt sie zu finden. Auf solche Weise kam er dann über Throndhjem durch die Innenharden an den Namdalsfjord, von wo er, umkehrend, wieder über Throndhjem durch die Küstenstriche nach Molde, durch Romsdalen und Gudbrandsdalen an den Mjösen, dann über Vardal und Sand an den Randsfjord und durch Ringerike nach Christiania zurückkehrte. Nirgends hatte er Fanten in ihren Schlupfwinkeln oder Nestern gefunden, wohl aber durch fleissiges Gespräch mit Volk und Beamten, genauere Kenntnisse über das Wesen derselben erlangt. Die Skydsjungen und die Häuslerfrauen sprachen, je nach ihren Karakteranlagen, lang und breit mit ihm darüber oder gaben im schlimmsten Falle doch kurze Andeutungen über die wunderbaren Gaben, die jenes Volk besitze und die es vorzugsweise dazu befähigten, Vieh und Leute zu kuriren; auf den reicheren Bauerhöfen kannte man sie als Bettler von grenzenloser Unverschämtheit; die Finnen schilderten ihr umherstreifendes Fischerleben längs der Gebirgswasser; die Strandbewohner ihre Seeräuberzüge zwischen den Inseln; die Fährleute berichteten von jährlichen oder periodich wiederkehrenden Zügen hin und her; die Bezirkswächter klagten über sie als halsstarrige, schwer zu bändigende Leute; die Todtengräber aber und andere Kirchenbeamte äusserten ihre Bedenken über ihr Verhalten in religiöser Beziehung und hoben vorzugsweise das, allerdings auch als besonders befremdend in die Augen springende Faktum hervor, dass sie sich nicht entsinnen könnten, dass jemals ein Fant ihnen zum Begraben in christlich geweihter Erde übergeben worden sei. In den Brandtweinschenken, namentlich in der Throndhjemer Gegend, und in den einsamen Waldschenken, wo sie sich als Gäste und gute Kunden zeigten, entschuldigte man ihre Fehler und lobte man auch wohl einmal ihre Tugenden, wohingegen die Sennhirtinnen grosse Angst vor ihrem Uebermuthe und ihren Gewaltthätigkeiten äusserten.

Wohl mussten solche sich widersprechende Urtheile Eilert Sundt verwirren, um so mehr, als es ihm immer noch nicht gelungen war in ihrer Freiheit persönliche Berührung mit ihnen zu finden; aber er hatte doch das bestimmte Resultat von etwas Eigenthümlichem im Dasein dieser verwilderten Menschenschaaren, die ein, mit gerechtem Unwillen fast vom ganzen norwegischen Volke betrachtetes Uebel der gesellschaftlichen Verhältnisse seit Jahrhunderten bilden, gewonnen, gegen welches ebensowohl die vielfach angewendete, gerechte und kräftige Strenge sich, wo sie nicht das Schlimme noch verschlimmerte, unnütz erwies, wie anderererseits moralische Mittel und die ausdauerndsten, liebevollsten und wahrhaft menschenfreundlichen Bestrebungen sich später als fruchtlos verschwendet zeigten. Dies schreckte aber den geistlichen Forscher nicht ab, entflammte vielmehr seinen Eifer zu einer Art Leidenschaft, klar zu werden über diese Fantenkaste, die, für ihr eigengeartetes Dasein kämpfend, ihm nicht als gewöhnlicher Auswuchs des Volkslebens erschien, sondern von der er vielmehr überzeugt war, dass sie ihre Wurzeln tief in die Vergangenheit schlug. Seinen ernstlichen Bestrebungen gelang es denn endlich auch, in vielfache persönliche Berührung mit denjenigen zu treten, deren körperliche und geistige Noth, zu ihrem eignen und seines Vaterlandes Bevölkerung Wohle, er abhelfen wollte und gewann er hierdurch so interessante Daten, dass er durch Erzählungen und Schilderungen ihres fremdartigen Lebens die Gebildeten Norwegens veranlasste, gleichfalls einen forschenden und wohlwollenden Blick in diese niedrige Welt zu werfen. Ihm wurde, selbstverständlicher und gerechter Weise, die Leitung aller von ihm vorgeschlagenen Schritte zur Abhülfe gegen das Nationalübel, gegen welches er vom Storthing bewilligte Staatsmittel verwenden durfte, übertragen, und er sieht jetzt — nach zwei Decennien auf rauhem, dornenvollem Pfade, ohne je Mühe, Beschwerden und harte Arbeit geschont zu haben — sich und seine Helfer dem schönen Ziele entgegengeben, die Fanten aus ihrem Elende zu retten. Seine gewonnenen Resultate legte er in einem grösseren, auf Staatsunkosten veröffentlichtem Werke und in Jahresberichten nieder, in denen er die umfassendsten Aufklärungen über die Menge der Fanten, ihre Vertheilung im Lande, ihre religiösen Verhältnisse, ihre Bedürfnisse, ihre Beziehungen zum Volke und zur Obrigkeit, die mannigfaltigen Vorschläge und Versuche zu ihrer Behandlung und leider traurige Beweise über die geringen Erfolge der angewendeten Mittel, die

Lage und das Elend dieser niedrigsten Volksklasse zu verbessern, gab und giebt. Aus diesen, der höchsten Bedeutung nicht entbehrenden Arbeiten, welchen Eilert Sundt auch noch zwei Wörterverzeichnungen der nordischen Fantensprache und des westgothischen (norwegisch-schwedischen) Gauner - Dialekts beifügte, ist auch im Einzelnen und Ganzen nachstehende Arbeit entlehnt, in der beabsichtigt ist, ein treues Bild dieser geheimnissvollen Welt ausserhalb des gesellschaftlichen Bestandes der norwegischen Civilisation zu geben.

Nachdem es Eilert Sundt gelungen war durch persönliche Berührung — mit jenen einzelnen Fanten, die er in dem Zucht - und Correktions - Hause zu Christiania, nicht als büssende Verbrecher, sondern als reife Männer und Greise lediglich zum Empfange des ersten Religionsunterrichtes, der Taufe und Einsegnung, in Haft gefunden hatte — Eins und das Andere zu hören, was zur Erklärung des wunderbaren Räthsels, welches ihr Leben darbietet, dienen konnte, drang er unermüdlich schrittweise im Verkehr mit den unheimlichen Fremdlingen vor und liess sich nicht durch · den Zustand der Erniedrigung, in dem er sie fand, davon zurückschrecken, ihnen sein Interesse und seine Liebe zu widmen. Da die Fanten aber, trotz aller Verwilderung und des gedankenlosen Versunkenseins im niedrigen Betriebe der Bettelei und Betrügerei, doch immer Menschen geblieben, erweckte ein solches Interesse für sie das Gegeninteresse, und nachdem die Furcht — dass es sich nur darum handle, die, im Laufe der Zeit und des Zusammenhaltens, in ihrem gesetzlosen Treiben von ihnen bei ihren Diebesstreichen und Gaunereien ausgegrübelten Kniffe und Manieren, die sich im Wege der Ueberlieferung erhalten haben, zu erspähen und zu erschleichen — überwunden war, lohnten sie die rastlose Mühe des Erforschers dadurch, dass sie sich mit ihm einliessen und ihm nach und nach

Mittheilungen über die Gegenwart und Vergangenheit ihres Geschlechts machten, was anfangs — bei dem charakteristischen Hange zum Geheimnissvollen, der ihnen anklebt, und bei der steten Angst vor Verrath — nicht ohne Gefahr und Scheu vor den eigenen Genossen geschehen konnte. Neben ihrem Misstrauen gegen alle diejenigen, die sich ihnen aus besserer gesellschaftlicher Position nahen, ist in ihnen ein gewisses prahlerisches und grosssprecherisches Wesen hervorstechend, welches sie sich auch auf das Entschiedenste gegen die Bezeichnung Fanten, Fusser etc. streuben lässt, wohingegen sie „Reisende" heissen wollen, was, nach dem in der Volkssprache diesem Worte untergelegtem Sinne, mit „vornehme Leute" gleichbedeutend ist; wie sie auch jederzeit vorgeben in wichtigen Geschäften, die sie stets bereit sind schnell anzugeben, weitläuftige Reisen zu unternehmen. Auch die der Wahrheit entsprechenden Bezeichnungen Pferdeschneider, Kesselflicker etc. nehmen sie übel auf und nennen sich lieber im Allgemeinen „Professionisten," in jenen speciellen Handthierungen aber am Liebsten „Thierärzte, Kupferschläger" etc. Kommt man endlich in solche Gunst bei ihnen, dass sie das Vertrauen zurückgeben und alles geheimnissvolle Wesen fahren lassen, so erfährt man, dass sie sich nur Fremden gegenüber „Reisende" nennen, aber unter sich den gegenseitigen Erkennungsnamen „Vandringer" gebrauchen. Sie wollen in dieses Wort, dessen Form eine selbstgebildete, nicht nordische ist (sie müsste „Vandringsmånd," Wanderer, heissen), das Bewusstsein hineinlegen, dass auch sie nur äusserlich und scheinbar dem nordischen Volke angehören, innerlich aber eine andere Stammesgenossenschaft aufrecht erhalten. So sagen sie auch unter sich von einem Dritten: er ist oder ist nicht von „unserem Volke." Der wesentlichste Zug, auf den sie dieses Bewusstsein gründen, ist der Besitz einer eigenen, geheimen Sprache, in der

sie miteinander zu reden verstehen. Und thatsächlich ist
dies keine erfundene, selbstgebildete Diebssprache, — wie man
sie bei diesen rohen, unwissenden Kindern der Landstrasse,
die in ihrem täglichen Verkehre nach aussen hin wohl
gröstentheils die gröbsten norwegischen Pöbeldialekte zu
vernehmen gewohnt sind, zu erwarten berechtigt scheint —
sondern eine Sprache, in der sich Elemente des Deutschen
und Französischen, Italienischen und Romanischen, Lateinischen und Griechischen, Lappischen, Finnischen, des
Russischen und andrer slavischen Sprachen, des Persischen
und in grösster Menge des Indischen und zwar der alten,
ehrwürdigen Mutterzunge desselben, des bewunderten Sanscrit vorfinden. — Der ungeschmälert erhaltene Besitz
dieser Sprache wirft aber ein, wenn auch spärliches Licht
auf den Ursprung dieses Volkes, und mögen umfassende
und gediegene linguistische Studien im Verfolge des, in
diesem bunten Sprachgewirre liegenden Fadens wohl hinreichende Andeutungen über die Herkunft und Schicksale
desselben geben. Aber auch ohne jedes Studium erhält
gerade der Besitz dieser Sprache die alten Sagen über
diese Herkunft unter ihnen selbst aufrecht und macht das
Bewusstsein eines Unterschiedes zwischen zwei grundverschiedenen Stämmen von Fanten mit verschiedenen Sprachen
zum Allgemeingut. Allerdings verschwindet dieser Unterschied täglich mehr und mehr und die Stämme schmelzen
vielleicht dereinst zu einer Gemeinschaft zusammen, doch
herrscht bisher, wie eben erwähnt wurde, noch das vollste
Bewustsein von der ursprünglichen Verschiedenheit und
artet sogar meist zu Hass und Feindschaft aus. Es giebt
nämlich einzelne abgeschlossene Fantenfamilien und Horden, die, ihrer eigenen Aussage gemäss, in Folge einer
fremden Herkunft sich durch besondere, oft schöne Gesichtszüge, muntres, rasches und man könnte sagen selbst
feines Wesen auszeichnen und eine vorzugsweise dunkle

Färbung, gelbbraune Haut und schwarze Haare und Augen haben, kurzum eine in den norwegischen Distrikten höchst auffallende Physiognomie zeigen. Sie wollen sich gern vor den Uebrigen ihrer Kaste geltend machen und nennen sich „Grosswandringer," deren ehrendes Kennzeichen es sein soll, dass sie, wenn schon sie sich nicht schämen im Pferdehandel und bei der Ausübung ihrer Arzneikunst und Wahrsagergabe eine einträgliche Betrügerei in Anwendung zu bringen, doch die Gelegenheit, sich durch kleine Diebereien zu bereichern mit Verachtung von der Hand weisen. Sie ziehen, gesunde und arbeitskräftige Leute, Männer und Weiber, nicht wie die Anderen bettelnd mit Stab und Sack, sondern mit Pferden und Wagen, mit der Peitsche in der Hand und den Hund zur Seite, so recht nach „grosser Herren" Art, wie sie es selbst nennen, scheltend und fluchend von einem Ende des Landes zum anderen und über die Grenze herüber und hinüber. Höhnend sehen sie hinab auf die Fanten des zweiten Stammes, die heller gehäuteten, weniger fremdartigen „Kleinwanderinger", die nicht ganz so keck auftretenden, aber dennoch widerwärtigeren Umhertreiber, die mit verschiedenen kleinen Beschäftigungen, wie Kammmacherei, Topfflechten, Besenbinden nur in einzelnen, abgegrenzteren Distrikten des Landes von Ort zu Ort ziehen. Begegnen sie diesen im Walde oder auf der Landstrasse, — gewöhnlich mit ihrer ganzen Habe im Sacke auf dem Rücken, arm und elend von Hof zu Hof schleichend — so rufen sie ihnen verächtlich den Spitznamen „Mehltraber" zu, den sie, die Grosswandringer, dem Autor selbst von „Mel" (Mehl) und von „trave" (traben, trotten) abgeleitet erklärten und dahin auslegten, dass diese Elenden an keinem Orte vorüber traben könnten, ohne dass an ihnen Etwas, wie das Mehl an des Müllers Jacke, hängen bliebe. Obschon diese Mehltraber oder Kleinwanderer sich nicht nur den Behörden, sondern auch den übrigen Leuten der unteren Volksschichten gegenüber ziemlich zahm bewegen, so treibt sie wohl mehr der Neid, als der Abscheu zu der entschiedensten Gegenwehr, und in Vergeltung des angeführten Schimpfwortes schleudern sie den flinken Grosswandringern den von diesen gehassten Spitznamen: „wilde Bächespringer" zurück, welcher Austausch dann häufig und meist das Signal zu jenen lärmenden, oft blutig endenden Kämpfen wird, welche die stillen Thäler der Fjelden erschüttern und ihre friedlichen Bewohner erbeben machen. Die Deutung des sonderbaren Schimpfwortes und das Beleidigende darin geben die Grosswandringer dahin: dass sich eine Anspielung darin verberge auf ihre Wildheit, Heimtücke und ihr menschenscheues Wesen, welch letzteres sie zwänge in den entlegenen Gebirgen und Wäldern, weitab von menschlichem Verkehr, zu bleiben und sich von dem, im Allgemeinen verachteten, Fischfange in Flüssen und Bächen zu nähren. Ein anderer Vorwurf, durch den die Kleinwandringer die Grosswandringer namentlich zu vollster Wuth zu entflammen wissen, ist der: dass sie eine „bösartige Quacksalberschaar" von „Zauberern" und „Hexen" seien, die mit ihren Wurzeln, Kräutern und giftigen Pulvern sowohl das Vieh, wie die Menschen verdürben.

Als Grund dieses sonderbaren Stammhasses geben die Grosswanderer — welche Wortform, der Bequemlichkeit halber, wir ferner anwenden wollen — das Bewusstsein einer nicht norwegischen Abstammung an und verfehlen nie sogleich hinzuzufügen, dass sie keineswegs zu einem Geschlechte mit den von ihnen ebenfalls tief verachteten „Lallaró'ern" gehören, mit welchem Ausdrucke sie in ihrer eigenen Sprache die Finnen und Lappen bezeichnen. Auch russischen Stammes wollen sie nicht sein und deuten die Aufnahme russischer Worte in ihre Sprache als ein Verderben derselben, dem sie auf der langen Durchwanderung dieses weiten Reiches nicht zu entgehen vermochte. Ihr rechter Name in ihrer eigenen Sprache, dem „Rommani," lautet stolz und wohlklingend in ihrem Munde „Rommanisäl." — Sie erzählen: „Die Rommanisäl kämen von weit her. Ihre „heiligen Väter" hätten vor Jahrhunderten die Rommani-Sprache nach Norwegen gebracht. Vorher hätten dieselben in der Stadt Assas im Lande Assaria, im Osten Russlands (Asien?) gewohnt; von hier seien sie vor langer, langer Zeit durch die Türken vertrieben und seien dann über alle Lande der Erde zerstreut und nur ein kleiner Theil derselben sei durch Russland und Gross-Finnland hinüber nach Schweden und Norwegen gegangen. Aber in allen Landen mussten die Rommanier fremd bleiben und warteten noch auf den Tag, an welchem sich Dundra, ihr Gott, wie schon früher einmal, ihnen in Menschengestalt offenbaren, ihnen zum Siege verhelfen und sie in ihr eigenes Land zurückführen würde; denn es seien nur wenige kleinmüthige Zweifler, die da wähnten, dass Dundra selbst im Kampfe gegen die Türken gefallen wäre, und sie darum so lange schon ihrem unglücklichen Geschicke überlassen musste." — Von den Kleinwanderern — die ihre Sprache „rodi" nennen, sich es im Uebrigen aber offenbar weniger bewusst sind, dass sie zu einem eigenen Geschlechte oder einer zusammenhängenden Race gehören, auch zu ihrer eigenen Bezeichnung keinen gemeinsamen Volksnamen zu besitzen scheinen — behaupten die Rommanier dem sesshaften Manne gegenüber, es seien nur einige elende „Tasar", d. h. in ihrer Sprache: „einige verlaufene Deutsche", die vor mehreren Jahrhunderten; aber erst nachdem die Rommanier schon die Wälder des Landes in Besitz genommen, sich eingedrängt hätten und dass sie stets verächtliche Leute gewesen, mit denen kein ächter Grosswanderer oder „borta rommanisäl" etwas zu schaffen haben dürfe. —

Hienach hätten sich dann wilde Asiaten und fremde entartete Europäer in den Waldthälern Norwegens getroffen, wofür allerdings einerseits das so sonderbar von dem daneben bestehenden so ruhigen norwegischen Volksleben abstechende Wesen der Fantenschaaren, als andrerseits die völlige Gleichheit desselben mit dem ihrer in anderen Ländern umherstreifenden Brüder, spricht. Nur durch eine wirkliche Einwanderung, nicht aber durch zufällige Berührung norwegischer, eingeborner Fanten mit fremden Herumtreibern und ausländischen Räuberhorden, etwa auf weitausgedehnten Wanderungen, konnte diese Gleichheit in Manieren, Kunstgriffen, Sitten und Ausdrücken hervorgerufen werden. Ohne eine solche Einwanderung oder ohne das gleichzeitige Auftreten grösserer Massen fremder Elemente würden die verschiedenen norwegischen Tagediebe, Tagediebsfamilien und Genossenschaften — von denen der Fantenpfad jedenfalls schon betreten war, indem jede bestehende Gesellschaft stets einen Ausschuss hat, und die, Gleich und Gleich sich gern gesellend, gewiss sich bald mit den Ausländern vereinigten — nicht die Art und das Wesen dieser angenommen haben, welche unleugbar herrschend geblieben sind und der ganzen Masse den grössten Theil des Geschickes und Gepräges, den sie bis heut offenbart, gegeben und aufgedrückt haben. In der That steht auch noch jetzt, leicht erkennbar, zwischen den beiden eigentlichen Fantenhorden — in eigenthümlichen Verhältnissen zu der einen, wie der andern, und gewissermassen vermittelnd — eine dritte in Norwegen heimische Klasse von Bettlern und Landstreichern, unter denen auch vielfach finisches Blut zu finden ist. Sie bildet ebenfalls eine Art Mittelglied zwischen der Fantenkaste und der grossen Masse des norwegischen Volkes, namentlich dem Bauernstande, der die verdächtigen Fremdlinge gern meidet.

Ausser den bereits erwähnten Fantenbezeichnungen

kennt die Masse des norwegischen Volkes noch zwei, nämlich „Tater" und „Sköier". Die erste, Tater, seltener „Sigener", ist durch die Gesetzgebung eingeführt, in der sie in älterer Zeit dazu diente ein Landstreichervolk zu bezeichnen, welches, nach der gegen dasselbe angewendeten Strenge zu urtheilen, mit besonders grosser Ungunst betrachtet worden zu sein scheint und über dessen Herkunft und Wesen den Gesetzgebern wenig bekannt gewesen sein muss. Dass das fremde Wort wirklich in die Volkssprache übergegangen ist, erhellt daraus, dass es in einigen Gegenden, wie z. B. im Stifte Bergen eine andere Form angenommen hat, so dass man für ein Taterweib „Tatre" und für einen Tater „Tatermand" sagt. Es wird auch überall nur angewendet für die schwärzlichen, fremdartigen Fanten, die meist mit dem Beiworte „ächte Fanten" bezeichnet und als zum Fantenadel und der Verwandtschaft des Fantenkönigs gehörend, hervorgehoben werden. Dieselbe Bedeutung hat das Wort auch in Jütland und auf den dänischen Inseln behalten und bezeichnet dort lediglich die Grosswanderer, die sich daselbst ebenfalls Rommanisäl nennen.

Der andere Name „Sköier" wird in der niederen Alltagssprache auch im Allgemeinen von einer Person gebraucht, die ein lärmendes, regelloses Leben führt, vorzugsweise wendet man ihn aber auf die in Banden ziehenden und ihre Diebssprache redenden Kleinwanderer an. Das Wort ist ursprünglich nicht norwegisch, wie dies schon der unnordische Klang desselben mit dem harten k vor einem ö verräth, sondern von Schweden her eingeführt, wo „skojare" die gewöhnliche Bezeichnung für gesellig einherziehende Landstreicher ist. Mit solchen über die Gränze gekommen und nach und nach auf die norwegischen Landstrassen verpflanzt, blieb es nicht an den schwedischen Landstreicherfamilien haften, sondern wurde auch ihren Genossen und ihres Gleichen als Stammesbenennung im Gegensatze zu den Grosswanderern beigelegt. Wenn schon diese Genossenschaften in ihrer Lebensart und Weise nicht ganz so scharf abgegrenzt von dem übrigen civilisirten Leben des Landes erscheinen, wie die der Tater, auf welche weder Strenge noch Milde grossen Einfluss zu äussern scheint, und wenn sie sich im Allgemeinen auch mehr den gleichen Rangklassen der europäischen staatlichen Gesellschaften nähern, sind sie doch gewissermassen im Laufe der Zeit zu einer besondern kleinen Nation zusammengeschmolzen, die sich einerseits im eigenen Schoosse forterzeugt, aber andrerseits auch durch Anschlüsse aus der Hefe aller möglichen Nationalitäten weiterbildet. Als eine solche betrachtet, bieten die Sköierhorden immerhin des Interesses genug dar, um hier, wo es sich um die Verschiedenheiten der Lebensäusserungen dieser bedauernswerthen Existenzen handelt, besonders geschildert zu werden.

Da die scharf ausgeprägten Eigenthümlichkeiten, welche die Tater vor dem Volke Norwegens auszeichnen, den Fantenhorden, welche nicht zu ihnen gehören, fehlen, ist es nicht leicht zu bestimmen, wer zu dem Sköierstamme zu rechnen ist. Besitzen sie selbst auch Traditionen über ihre dunkle Geschichte und führen sie auch mit einem gewissen Stolze innerhalb ihrer Banden Stammbäume von Ahn zu Urahn hinauf, so ist es dem Nichtfanten dennoch schwer, sich darin zurecht zu finden und es bleibt nur die Kenntniss und der Gebrauch des „Rodi", jener Gaunersprache — die vom übrigen niederen Volke Norwegens „labbelänsk (vielleicht aus lapplänsk, lappländisch verdreht und so auf Finnmarken als vermeintlichen Ursprungsort der Sprache hindeutend) genannt wird — ein guter Fingerzeig, um die Berechtigung nachzuweisen, zu diesem Stamme gezählt werden zu dürfen. Andererseits kann auch dem Forscher das Studium dieser Rodi-Sprache der Faden werden, der durch das Labyrinth vereinzelter Nachrichten in der Gesetzgebung, den Gerichtsakten und der Verbrecherstatistik Norwegens führt, um die Herkunft des nie sehr grosses Aufsehen erregt habenden Stammes herauszufinden. Hier genügt es zu sagen, dass dieses Rodi der Sköier — auch von ihnen selbst prahlend und hochtrabend „praeve liquant, die schöne Sprache" genannt — auf das engste verwandt ist mit dem Idiom der (Jütland in gleicher Weise wie die Shöierhorden Norwegen durchstreifenden) Landstreicherbanden der „Kjeltringer," mit dem Rothwelsch der deutschen Gauner (welches der jüdische Theil derselben „chochemer loschen" die Sprache der Weisen nennt), mit dem englischen „thieves's latin," dem holländischen „Kraamerslatyn", dem böhmischen „Hantyrka,' dem spanischen „Germania," dem italienischen „Gergo" und dem französischen „Argot," dahingegen auf das vollständigste abweichend von dem rommani, welches die Tater sprechen. Ueber jeden Zweifel erhaben ist es, dass alle jene Gaunersprachen aus ein und derselben Wurzel entsprossen sind, wenn schon es noch schwer zu sagen, welcher Nationalität die künstliche Bildung derselben zuzuschreiben ist, durch die ihr die Ehre gebührt, den Satz Talleyrands, — dass der Mensch die Gabe der Sprache nur empfangen habe, um seine Gedanken verbergen zu können — lange bevor derselbe diese Maxime der Falschheit ausgesprochen, ins pracktische Leben eingeführt und zur vollen Wahrheit erhoben zu haben. Jedenfalls ist das Erbe welches die Vorväter der „Mehltraber" aus ihrer Verwandtschaft mit den schlauen französisch oder deutsch-jüdischen Gaunern, den rachsüchtigen Banditen Italiens, den blutdürstigen Räubern Spaniens und Mexikos — die alle in derselben Diebsschule gewesen sein oder alle zu derselben geheimen Gesellschaft gehört haben müssen — ihrer Nachkommenschaft hinterliessen, im Laufe der Zeiten gewaltig vermehrt und verändert worden, so dass es sich von den Geschwisterjargonen bis zur gegenseitigen Unverständlichkeit entfernte. Ob Nothwendigkeit, ihr geheimes Treiben besser zu decken, Zwang und dergleichen dies verursachte oder ob die sprachbildenden Eigenschaften des Menschen in dem Skandinavier besonders ausgebildet, mag dahingestellt bleiben; interessant ist es jedenfalls, dass nicht nur die Handel treibenden und herumziehenden Dalekarlier zu ihrem eigenen Gebrauche sich durch regelmässige Wortverdrehungen eine eigene geheime Sprache erfunden haben und sie fortwährend benutzen, sondern dass auch eine solche im russischen Finnlande üblich, während die westgothischen Handelsleute, die als Krämer den ganzen Norden durchstreifen, in der sogenannten „knallare spräk" oder dem „monsing" eine Sammlung meist ganz neu und willkührlich gemünzter Wörter zu ihrer Geheimsprache ausgebildet haben. In Norwegen selbst haben aber gerade die ernsten und besonnenen Anwohner des Meeres — unter denen sich der Aberglaube, wenn auch mehr und mehr verschwindend, mit grosser Zähigkeit festgesetzt hatte, dass die Geister des Meeres es nicht leiden könnten in einer vernünftigen Menschensprache reden zu hören, und die darum nicht in ihrer natürlichen Weise zu sprechen wagten, wenn sie in ihren Booten über den Fischgründen sassen — sich eine eigene Bildersprache erfunden, so keck und künstlich, dass sie die Geister der Tiefe gewiss nicht verstehen und daher die mitgetheilten Pläne nicht durchkreuzen können.

In steter Fortbildung dieser ursprünglich als Gemeingut überkommenen Sprache haben die norwegischen Sköier ebensoviel Kunst, als Fleiss und Glück bewiesen, sie ist vollständig angebaut und bis auf Begriffsbeziehungen der neuesten Zeit vervollkommnet. Unbedingt sind vielerlei Wörter in ihr vorhanden, die weder die Sköier mit Hülfe der Ueberlieferung, noch der Philologie an der Hand der Wissenschaft im Stande sind, auf irgend eine der bekannten natürlichen Sprachen zurückzuführen; der Hauptvorrath ihrer Wörter ist aber aus wirklichen Sprachen entlehnt, jedoch in mannigfachster Weise gewendet, um durch ihren Gebrauch die Rede für nicht Eingeweihte unverständlich zu machen. So sind alte, dem gemeinen Gebrauche entfallene, vergessene Wörter der eignen, Provinzialismen der fremden Sprachen beibehalten und so bunt durcheinandergemischt, dass das Rodi der Sköier schliesslich dadurch ebenso bunt aussieht, als die mit vielfarbigen Lappen mannigfach zusammengeflickte Jacke des ärgsten Fanten. Die künstlich gebildeten unkenntlichen Ausdrücke wurden durch regelmässige Verdrehungen von Wörtern der allgemeinen Landessprache, Versetzungen einzelner Buchstaben oder ganzer Sylben geschaffen, eine Manier, die besonders begünstigt wurde, wenn die dadurch entstehenden Wörter durch ihre Aehnlichkeit mit einem anderen, von vielleicht entgegengesetzter Bedeutung, Anlass zu erheiternden Wortspielen und Verwechslungen geben konnten. Die reichste sprachliche Quelle blieb ihnen aber immer die einfache Versetzung der Bedeutung des einzelnen Wortes, das sie bildlich gebrauchten. Nie hat wohl eine ausschweifende Dichterphantasie zu keckeren Metaphern gegriffen, als sie von dem Galgenhumor oder der Verzweiflung der friedlosen Sköier geschaffen wurden. Die Erfindung, stete Fortbildung und der immerwährende Gebrauch der geheimen Sprache ist aber nicht nur das Kennzeichen des Sköierstammes, sondern recht eigentlich das Element, welches denselben am Leben erhält und das lose Volk zu einer Art eigener Nation, mit Uebereinstimmung mancher einzelner Sitten und der gesammten Lebensweise, zusammenschmolz, denn wie die Wörter ihres Idioms einst zu natürlichen Volkssprachen, gehörten diese Menschen auch dereinst zu den wirklichen europäischen Nationen. Wohl nur vereinzelt, zu verschiedenen Stunden und an verschiedenen Orten, haben sie ihre frühere Lebensweise verlassen, sich von der civilisirten, durch Gesetze geordneten und geregelten Gesellschaft losgesagt, und würden sie, einzeln umherwandernd, als ganz gewöhnliche Landstreicher und Verbrecher sehr bald spurlos verschwunden sein. Sich zusammenschaarend bildete das wohl anfänglich mühvoll und schwierig gefundene Mittel gegenseitigen Verständnisses ein erstes Band um sie, das sie bald zu einer abgesonderten Klasse der Gesellschaft verschmolz; einer Art Kaste mit besonderen Interessen und Gewohnheiten, die sich schliesslich zu einer ihnen eigenthümlichen Lebensart, so wie einer eigenen geheimen Gesellschaftsordnung befestigte und entwickelte und die, von innerer Nothwendigkeit getrieben, ihnen ein neues Gesetz auferlegte, das kaum demjenigen, welches sie verleugneten, verletzten und dem sie sich entzogen, an Strenge etwas nachgab, und durch welche sie endlich dahin kamen, von ihren früheren Landsleuten und den sie umgebenden, ausserhalb der Kaste stehenden, Genossen ebensoweit abzuweichen, wie im Laufe der Jahrhunderte sich ein Volk von dem anderen entfernt.

In Hinsicht auf den Ursprung der norwegischen Sköier ist dem Volksglauben, der in den ersten Mehltrabern Wilddeutsche zu sehen glaubt, wohl darin Recht zu geben, dass unbedingt eine Einwanderung, Beeinflussung, bessere Organisation und höhere Ausbildung in den nöthigen Künsten und Kniffen der Sköiergesellschaft aus Deutschland über Jütland, die dänischen Inseln und Schonen stattgefunden hat. Die Bettler und Landstreicher, die in den nordischen Landen auf einfachere Weise, mehr an die Sitten der alten Zeiten erinnernd, umherzogen, nahmen gern und willig den gebotenen Unterricht der fremden Gaudiebe auf, und es bedurfte nur weniger Apostel und kurzer Zeit, um eine solche geheime Gesellschaft zu gründen und ihr viele Proselyten zu gewinnen. Das dänische Gesetz nimmt zuerst 1685 Bezug auf Landstreicher, die es in so klarer Weise schildert, dass das gegebene Bild in allen seinen einzelnen Zügen noch heut die Sköier treu spiegelt, nennt sie aber bei dem, wie erwähnt, noch jetzt in Jütland üblichen Namen Kjeltringer. In dem Gesetze selbst — das zum Schutze derselben gegen vorurtheilsvolle Verachtung ihrer und ihrer nützlichen, bis zu diesem Tage von Kjeltringern und in Norwegen von Sköiern ausgeübten Verrichtungen erlassen ist — wird ein scharfer Unterschied zwischen zwei Klassen von Landstreichern ausgedrückt und dadurch der Beweis der schon zu jener Zeit aufgefallenen Sonderung in die beiden Fantenstämme geliefert. Dies erhält sich auch in der späteren dänisch-norwegischen Gesetzgebung, wennschon dieselbe des Namens Sköier nicht besonders erwähnt, während der Name Tater ihr häufig ist. Dass aber die Gesetzesbestimmungen nicht allein gegen letztere, sondern auch gegen ein von ihnen verschiedenes Landstreichervolk gerichtet, erhellt auf das Deutlichste. So ist in den Anordnungen periodischer Fantenjagden — welchen Ausdruck die grosse Menge des norwegischen Volkes noch heut gebraucht — seit der Mitte des siebzehnten Jahrhunderts von Müssiggängern, Bettlern und frechen Landstreichern mit Büchsen und Gewehren, namentlich aber auch von den „herumstreifenden Männern und den leichtfertigen Weibern, die mit ihnen umherziehen und auf fremden Stellen Kinder gebären" die Rede. Diese Kinder aber — welche die Mütter damals, ebenso wie jetzt, in einem dazu eingerichteten Traggeräthe auf ihrem Rücken auf den Landstrassen einherschleppten — waren die Stammväter und Stammmütter der alten und weitverzweigten Sköierfamilien, die sich noch den heutigen Tag umhertreiben, denn die in Romerike schwärmende Steffenshorde und die Vardalshorde in der Stavangergegend können ihre Ahnentafel Glied für Glied durch einen Zeitraum von fast zwei Jahrhunderten aufzählen.

Es muss wohl bunt in den Wäldern und entlegenen Gegenden Norwegens, in denen die Fanten ihre Zufluchtsorte hatten, ausgesehen haben, und sie fanden dort so sicheren Schutz, dass weder die vielen Strafbestimmungen, — die sich bis dahin steigerten, dass sie sogar denen mit harter Sühne drohten, welche ihnen über die Fjorde und Ströme zu kommen halfen — noch die sich stets wiederholenden Treibjagden und Razzias gegen sie dem Uebel ernstlich Abbruch thaten, geschweige denn, wie es beabsichtigt, es mit der Wurzel ausrotteten. Im besten Falle wurden die verschiedenen Horden in einzelne Winkel des Landes verscheucht und scheinen sich namentlich im Westen zusammengedrängt zu haben, wo ihr gegenseitiger Zusammenhalt natürlich befestigt, ihre Schlauheit geschärft, ihr Hass gegen andere Menschen erhöht, ihre Kraft und Ausdauer geübt, ihre Tugenden und Fehler entwickelt, kurzum das Fantenthum zum Sköierthum immer mehr ausgebildet wurde. Zu dieser Ueberzeugung kam schliesslich auch die Regierung und beschloss nunmehr eine Art Frieden mit ihnen zu schliessen und ihr ewiges Reiseleben zu dulden, sofern es sich an gewisse Bedingungen knüpfen liesse. Die bis um die Mitte des vorigen Jahrhunderts giltigen Gesetze — nach denen jeder ohne feste Wohnung und Pässe herumziehende Mensch aufgegriffen und ins Zuchthaus gesperrt werden sollte; die aber wegen baldiger Ueberfüllung dieser doch nur zum allerkleinsten Theile ausgeführt werden konnten — wurden aufgehoben, da sie überdies viel Unbill und Willkühr gestatteten und böswillige dänische Beamten auf den Fantenjagden alle missliebigen Personen ohne Ausnahme in Bausch und Bogen und ohne Ueberführung irgend eines strafwürdigen Verbrechens ins Zuchthaus steckten. Man ging jetzt sogar so weit, zu erklären, dass „Késseltlicker, Hechelmacher, Zopfflechter, Pferdeschneider — also gerade diejenigen Verrichtungen, welche in Norwegen die Sköier, in Jütland die Kjeltringer vorzugsweise auszuüben liebten — und andere dergleichen Gewerbes, welche als solche betrachtet werden können, die durch das Land streichen" — unter gewissen Bedingungen Erlaubniss erhalten sollten, ihre Lebensweise und Erwerbszweige ungehindert fortzusetzen. Nach dem beschränkenden Prinzipe jener Zeit und dem zunftmässigen Betriebe jedes Handwerks, auf dem platten Lande sowohl als in den Städten, war solche Erlaubniss um so mehr als eine Art begünstigendes Privilegium zu betrachten, als die beschränkenden Bedingungen — sich innerhalb vorgezeichneter Distriktsgrenzen zu halten und sich durch einen Reisepass die bewilligte Erlaubniss bescheinigen zu lassen — von den Fanten — die so lange ihre Erfindungsgabe geübt hatten, unter allerlei Vorwänden und Ausflüchten sich dem gefahrdrohenden peinlichen Verfahren des Hasses und der Grausamkeit roher Zeiten zu entziehen — verachtend und spielend umgangen wurden. War es aber die Obrigkeit müde geworden, sich fortwährend mit der unerquicklichen und erfolglosen Arbeit des Fantenfangs zu beschäftigen und schritt fortan nur gegen sie, wie gegen die anderen Landeskinder, dort ein, wo die Ungehörigkeiten sich zu Gewaltthaten und Verbrechen gesteigert hatten, so führte gerade die den Sköierhorden faktisch gegönnte Ruhe und der ihnen gewährte Frieden die Regierung ihrem gewünschten Ziele um ein Beträchtliches näher, wenn auch von Ausrottung des Uebels, wie schon erwähnt, bis heut noch keine Rede sein kann. Mit dem Aufhören des von Aussen gekommenen Reizes zum Widerstand gegen die Gesetze des Landes und dessen bestehende gesellschaftliche Ordnung, lockerte sich der gegenseitige Zusammenhang der Sköierhorden und das Kastenwesen fing damit an in Verfall zu gerathen. Nichtsdestoweniger vermochte das volle Jahrhundert, welches zwischen dem Beginne jener milderen Praxis und den Schritten unserer Zeit — die nicht nur duldend sondern helfend und aufrichtend den Fanten gegenübertreten und gerade dadurch das Fantenthum zu vernichten streben — liegt, noch immer nicht die grosse Kluft auszufüllen, die zwischen diesen Familien und Horden und den niederen Klassen des sesshaften Volkes, in dessen Mitte sie einherziehen, besteht. Selbstverständlich begegnet der auf Verachtung basirte Hass der einen Seite dem, im Misstrauen wurzelnden Hasse auf der anderen. Ein interessanter Beleg ist ein offizieller Bericht, Ende des 4. Jahrzehnts unseres Jahrhunderts von einem Geistlichen der Regierung eingesendet.

Eine Abtheilung der bereits früher genannten Vardalshorde, die schon in mehreren Generationen eine Art Heimath in den Thälern und Fjorden des Amtes Stavanger besitzt, und zwar eine vollständige Familie mit kleinen und grossen Kindern, blieb mit einigen am heftigen Nervenfieber erkrankten Mitgliedern auf einem Bauernhofe liegen, dessen Besitzer ihnen das erbetene Nachtquartier bewilligt hatte. Die Fanten lagen in einem engen und elenden Raume zusammengesteckt und nur nothdürftig mit Speise versorgt und mangelhaft mit Kleidung versehen. Ein Zufall brachte das Ereigniss zur Kenntniss des Predigers, der, nachdem er sich von dem elenden Zustande der Unglücklichen überzeugt hatte, es veranstaltete, dass der Bezirksarzt herbeigeholt wurde. Dieser konnte bei der Sachlage im Augenblicke nicht viel für die Kranken thun, tröstete sie aber seiner Meinung nach, mit dem Versprechen, dass sie am nächsten Tage nach einer besseren Stelle geschafft werden und ordentliche Verpflegung erhalten sollten. Welche Wirkung hatte seine gute Absicht aber auf die Fanten geäussert? Nachdem der Arzt abgereist und der Abend Stille und Ruhe über das Gehöft gebreitet, flüchteten sie sämmtlich, trotz ihrer Nacktheit und ihrem Elende hinaus in die finstere kalte Nacht eines rauhen nordischen Herbstes und tauchten erst nach mehreren Tagen, weit entfernt, auf einem fremden Hofe im benachbarten Distrikte auf, wohin sie die ansteckende Seuche verschleppt hatten und selbst noch viel elender als zuvor befunden wurden. So wenig waren sie im Stande gewesen — und sie bewiesen dies auch noch in der allerletzten Zeit in zahlreichen betrübenden Beispielen — zu erfassen, dass man es gut mit ihnen meinte, als man einen Beamten zu ihnen sendete, um sie aus einer kalten, engen Höhle in einen besseren, lichteren Raum „transportiren" zu lassen. Eine gähnende Tiefe scheidet so das theilnehmende Mitleid von der schreiendsten Noth.

Weniger zähe, als dieses Misstrauen nach Aussen, scheinen die übrigen Züge des Kastenlebens zu haften, wenigstens berichten die alten Leute des Sköierstammes klagend, dass die einzelnen Familien und Horden nicht mehr durch ein so scharfes Gepräge ausgezeichnet wären, als in früheren Jahrzehnten und sich so ihre einst festen genossenschaftlichen Bande lockerten. Auch selbst ihre alte Sprache, das Rodi, würde mit in den Verfall des Sköiervolkes, das in Norwegen noch vor nicht gar zu langer Zeit eine bessere Blüthezeit gehabt habe, hineingezogen, da selbst diejenigen Fanten, die ihren Zusammenhang mit den Tatern in Bezug auf Blutsvermischung in eigenthümlichem Stolze weit abweisen, es nicht verschmähten sich auf das Erlernen und alltägliche Benutzen des weit reicheren Rommani, der Sprache der feindlichen Race, zu verlegen. Hierdurch fürchteten sie früher oder später zusammenzuschmelzen — was auch, wie weiter unten gezeigt werden wird, schon thatsächlich begonnen hat — und mit der Aufgabe aller früheren Kastengebräuche und Fantenordnungen werde eine schreckliche Unsittlichkeit und Ruchlosigkeit eingetauscht, die selbst innerhalb der einzelnen Horde weder Alter noch Stellung anerkenne und durch Gehorsam gebührend ehre.

Dass sich aber selbst in diesem verwilderten Zustande der geschilderten Sköierhorde feste Bräuche und bestimmte Ordnungen erhalten haben, beweist eine gewisse Anerkennung der Heiligkeit der Ehe. Eine kirchliche Einweihung ihres Bündnisses sehen sie, in Erwägung der vorliegenden

Verhältnisse, natürlicherweise mit der grössten Gleichgiltigkeit an, aber dennoch haben sie gewisse Ceremonieen unter sich aufrecht erhalten um den Ehepackt zu besiegeln. Wie in Jütland es als Bewerbung gilt, wenn der Kjeltring einem Mädchen aus seiner Kaste einen Stab entgegenwirft, so ist es, nach der Erzählung des niederen Volkes in Norwegen, auch bei den Sköiern der Fall; wenn das Mädchen den Stab aufnimmt, giebt sie dadurch zu erkennen, dass sie den Mann erhören will und verpflichtet sie diese einfache Ceremonie sogleich zur Treue; die Ehe ist vollgültig geschlossen und muss das neue Paar gemeinschaftlich dreimal um einen Wachholderbusch herumlaufen. Eine zwar einfache Ceremonie, wenn sie aber von den Vätern ererbt ist und mit einer gewissen Ehrfurcht betrachtet und aufrecht erhalten wird, doch immer eine und viel besser als keine. Und thatsächlich ist es, so wunderbar es erscheint und klingt, dass trotz der unsäglichen Mühen und Beschwerden, die es den einzelnen Mitgliedern der Horde kosten muss auf ihren heimathlosen Fahrten zusammenzuhalten, nicht nur die Bande der Familie, sondern oft auch eine wahrhaft rührende Treue aufrecht und heilig gehalten werden. So wurde bei der Volkszählung im Jahre 1845 eine im Westlande unablässig umherstreifende Fantenhorde entdeckt, von der es sich bestimmt ergab, dass sie zu der Kaste der Sköier und nicht zu den Tatern gehörte, und die aus einem sie beherrschenden greisen Aeltervater mit seiner zahlreichen Nachkommenschaft bis zu Enkeln seiner Kindeskinder bestand. Und dieser Aeltervater hatte die Stammmutter — die in ihren alten Jahren von einer unheilbaren Krankheit befallen war, welche in ekelhafter Verwesung des Körpers von unten herauf bestand, aber erst den Tod brachte, als sie bis zum Magen gedrungen war — auf seinem Rücken aus einem Distrikt zum andern getragen und ihren endlich eingetretenen Tod so tief und schwer betrauert, dass ihn Niemand zu trösten vermochte. Ein ganz ähnlicher Fall ereignete sich später noch einmal in Norwegen und Eilert Sundt, gleich vielen Anderen, begegnete, in letzter Zeit im Süden des Reiches auf den Strassen einem Landstreicherpaare, in welchem dem Weibe durch Abfrieren der beiden Beine die Möglichkeit selbständigen Fortkommens genommen ist, wesshalb auch hier der Mann sie tragen muss. Sie aber ist ein so böses Ungeheuer, dass sie während sie auf seinem Rücken reitet, ihn mit den Stummeln der Beine pufft, ihn krallt und in den Haaren zerrt, schimpft und ins Gesicht schlägt, weil er ihr nicht genug Brandtwein giebt, so dass er sie zuweilen an den Rand des Weges niederlegen und erst mit Schlägen zur Ruhe bringen muss; schliesslich nimmt er sie aber doch wieder auf und trägt sein Hauskreuz mit sich herum. Wie abstechend ist diese schon lange Jahre anhaltende Geduld und Treue, einem solchen Teufel in Menschengestalt gegenüber, von der notorisch häufig in grossen Städten vorkommenden Bettlerpraxis, elende und ekelhafte Krüppel, wie eine Handelswaare, zeitweise auf Spekulation zu sich zu nehmen, um durch Schaustellung des Mitleid erweckenden Unglücks möglichst viel Almosen zusammenzuschlagen.

Es ist selbstverständlich, dass die Sköiergemeinschaft, die in einem so hohen Grade von den moralischen Grundsätzen, welche in der gesetzlichen Gesellschaft gelten, abweicht, auch nicht den im Lande herrschenden religiösen Begriffen huldigt. In der deutschen Gaunersprache findet man die Kirche und ihre Heiligthümer in der gottlosesten Weise mit den unziemlichsten und unanständigsten Namen belegt, welches in den Sköierwörterverzeichnissen Norwegens nicht der Fall ist; nichts destoweniger würde es in psychologischer Hinsicht ein zu merkwürdiges Phänomen sein, wenn diese Kaste in ihrer eigenthümlichen Entwicklung so weit gediehen wäre, neben einer eigenen Sprache, eigenen Gebräuchen und eigenen Gesetzen auch eigene religiöse Vorstellungen entwickelt zu haben. Ueberraschenderweise aber bringt Eilert Sundt — nur vielleicht mit zu kühnen, auf seiner parteiischen Vorliebe für das seinem Herzen nahe stehende Volk basirten Schlüssen — eine ihm von einem alten, leichtsinnigen oder vielmehr wahrhaft ruchlosen Fantenweibe der Sköierraçe mitgetheilte Mythe bei, die so eigenthümlich schöne Züge enthält, dass das rohe Geschöpf auf keinen Fall in Verdacht kommen kann, sie selbst erdichtet und ihm aufgebunden zu haben. „Die Sonne" — erzählte das Weib — „ist dasselbe wie „Krist-jumlia"; in der Sonne kann jeder Mensch das Antlitz Krist-jumlia's sehen, der aller Menschen Herr ist. Als ich noch klein und jung war, ermahnte mich meine Mutter immer auf einen Berg zu gehen und die Sonne anzustarren, um zu erkennen, ob unser Herr mir noch milde und gütig gesinnt sei; denn wenn ich erst älter geworden sein würde, und viele Sünde auf mich geladen hätte, dann würde er seine scharfen Strahlen in meine Augen senden, und davon würde mir das Wasser in die Augen treten, so dass ich sein Antlitz nicht mehr sehen könnte. Und so ging es auch, wie es die Grossmutter gesagt hatte, nachdem ich 12 oder 13 Jahre alt geworden, habe ich es gar nicht mehr versuchen dürfen keck in die Sonne zu sehen." — Gibt es eine schönere und erhabenere Poesie, als in dieser Mythe? Das körperliche Thronen Gottes in der lichtstrahlenden, wärmespendenden Sonne, ist es nicht das einfachste Bild für den in ihr liegenden Grundgedanken der Existenz Gottes in einem Lichte zu dem kein Sünder gelangen kann? Wie dieser Edelstein in den Besitz des armen Fantenvolkes gelangte, vermochte aller Forschereifer Eilert Sundts noch nicht zu ergründen, und deutet auch der Name Gottes „Krist-jumlia" auf die Finnen hin, ist bei diesen doch keine Spur von dieser Mythe wiederzufinden. Andere gemeinsame Berührungspunkte der Fanten mit den Wald-finnen und den Bettel-lappen, diesen höchst interessanten Bruchtheilen der niedrigsten norwegischen Volksklassen, von denen der Ausschuss selbststāndig auf dem Fantenpfade und unvermischt mit beiden Raçen neben den Skōiern und Tatern einherzieht, giebt es hinreichend, und wir behalten es uns vor, in einem späteren Abschnitte nach der Behandlung der Tater und des übrigen heimathlosen Elends auch ein Bild von dem nicht weniger interessanten Volksreste quānischen Ursprungs zu geben, der mindestens in sesshafter Weise sein kümmerliches Dasein verjüngt.

Die Tater.

In dem vorigen, über das norwegische Fantenthum im Allgemeinen handelnden Abschnitte ist es nachgewiesen, dass die eine der Landstreicherkasten und zwar diejenige, die sich selbst für die vornehmere hält und auch von dem mit ihr verkehrenden niederen norwegischen Volke für die bessere, gewissermassen als Fantenadel anerkannt wird, sich unzweifelhaft schon an der Hautfarbe als fremdes Element auf dem europäisch nordischen Boden erkennen lässt. Es sind eben die Reste jener Asiaten, die im Anfange des sechzehnten Jahrhunderts flüchtigen Fusses über die Grenze des Nachbarlandes Schweden in Norwegen eindrangen. Vom siebzehnten Jahrhunderte ab kann die Gesetzgebung und können die Kronikenschreiber nicht schwarz genug ihr schandbares Leben schildern und nicht scharf genug die grausamsten Maassregeln gegen sie predigen, um sie zu vertilgen oder, ihnen ihre Eigenthümlichkeit raubend, sie mit dem übrigen Volke zu verschmelzen. Und was war das Resultat bei dem nun schon seit mehr als zwei Jahrhundert von Galgen zu Galgen gehetzten Völkchen? Es haben sich inmitten der immer farbloser werdenden Allgemeinheit des Volkslebens bei den — allerdings immer weniger zählenden Familien der in Norwegen gewissermassen als heimathsangehörig zu betrachtenden — Orientalen Reste ihrer eigenthümlichen Nationalität nur mit um so grösserer Zähigkeit erhalten. Hinter der Schutzwehr ihrer eigenen, allen ausserhalb der Kaste Stehenden unverständlichen, Sprache erhielt sich das Wanderleben der Tater mit seinem glühenden Hasse und seiner wilden, verzweifelten Lustigkeit. Erst nachdem Eilert Sundt mit unermüdlichem Eifer und unabweisbaren Liebesbeweisen bei einzelnen gefangenen Tatern dahin gelangt war, die um ihre verbitterten Herzen ruhende Eisesdecke so weit zu schmelzen, dass er ihr Vertrauen erwarb und, sich an einzelnen, durch Zufall zu seiner Kenntniss gelangten Rommanie - Wörtern anklammernd, sie dahin brachte ihm offene Mittheilungen über sich selbst und die Erinnerungen ihrer Väter zu machen, glückte es, einen Einblick in das Wesen ihrer Kaste zu thun. Es war dies wahrlich kein leichter Schritt, denn es waren die Fanten dieser Kaste in Jütland und anderen Ländern, die es ermöglicht hatten Wörtersammlungen der Geheimsprache zu veranstalten, von ihren Genossen für den Abfall von ihrer Bande als Verräther stets elend erschlagen worden, und dass in Norwegen dieselben Gesetze das Erlernen ihrer Ausdrucksweise erschwerten, bewiesen die gefährlichsten Bedrohungen, die den Gewährsmännern Eilert Sundt's ihres vermeintlichen Verrathes halber unter den entsetzlichsten Verfluchungen und Rache - Gelübden anderer Tater zugingen. Nach jahrelangem Studium hatte sich endlich der Unermüdliche mit der Kenntniss der eigenthümlichen, so seltenen Sprache den Schlüssel zu der gleichsam vermauerten Pforte erworben, durch die es allein möglich war hinter das Geheimwesen zu gelangen, welches die Tater von den übrigen Einwohnern Norwegens schied. Vor etlichen zwanzig zusammengebrachten Tatern, alt und jung, die als Neugetaufte und Eingesegnete zur ersten Kommunion gehen sollten, griff Eilert Sund zu dem Wagniss, das Gleichniss vom verlornen Sohne und das Pfingstevangelium zum ersten und vielleicht einzigen male in der Rommani-sprache vorzutragen. Dies überraschende Ereigniss erschütterte und bezwang selbst diese Starrköpfe, die bisher so schwierig zu behandeln gewesen, da sie sich nicht nur im Einzelnen der

Lüge bedienten, sondern sich vielmehr sämmtlich in der unablässigen Lüge gegen alle nicht zu ihnen gehörenden Leute verbunden hatten. Geschickt benutzte Sund den gewonnenen Vortheil im weiteren Verkehr mit ihnen und berührte in nur kurzen, aber entschiedenen Bemerkungen die Laster und Unsitten, von denen behauptet wurde, dass sie vorzugsweise unter den Fanten im Schwange gingen, und richtete sein Hauptaugenmerk darauf, ihnen zu beweisen, dass ihre früher so gut bewahrten und gerade desshalb so lieben Geheimnisse jetzt des verhüllenden Schleiers und Lügengewebes entkleidet seien. Dieses kecke und drastische Mittel diente denn in der That dazu aus dem Munde Dieses und Jenes Mittheilungen und Bekenntnisse hervorzulocken, die nicht nur die Sprachkenntniss zu bereichern, sondern einen tieferen Blick in das mysterieuse Wesen des interessanten Volkes zu werfen, ermöglichten. Auch hier geht eine Veränderung im Leben desselben vor und hängt eng zusammen mit einer Entartung der Sprache, die erst den allerletzten Generationen zuzuschreiben ist. Die alten Tater klagen, dass in Skandinavien — die Grenze zwischen Norwegen und Schweden erkennen sie nicht an — nur noch Wenige zu finden wären, die das Rommani der Väter vollständig und rein zu reden wüssten. Mit dem Nachlassen der Verfolgung durch die Obrigkeit und des verachtenden Hasses der Bevölkerung des Landes ist die Scheidewand gefallen, welche die Tater von allen Uebrigen trennte; die hochfahrende, trotzige Kaste gestattete fremden Einflüssen leichteren Zugang und der ursprüngliche Karakter der Sprache wurde verwischt. In Gesängen aber und alten Weisen hielten sie dieselbe in der ganzen Reinheit aufrecht; man kann sie solche in einem wahrhaft antiken Style vortragen hören, wennschon sie oft nur die Worte im Gedächtniss behalten haben und sich des Sinnes nicht mehr ganz erinnern. Die zähe Standhaftigkeit, mit der sie die Sprache geheim zu halten suchten, ist unschwer zu erklären, da es von grösster Wichtigkeit war, sich leicht miteinander verständlich zu machen, ohne dass der Uneingeweihte es ahnte, dass oft in seiner Gegenwart von denen, welchen er gastfreundlicherweise in einer stürmischen Winternacht Schutz und Wärme zugestanden hatte, keck und laut die Mittel besprochen wurden, wie das Haus am Besten zu berauben sein würde. Auch anderen listigen Gebrauch wusten sie von der Lügensprache im Vertrauen auf ihren Alleinbesitz zu machen. So berief sich ein altes Taterweib, wegen Diebstahls in Haft genommen, auf das Entlastungszeugniss ihres fünfjährigen Kindes, das sie nicht von sich gelassen'habe, ermahnte dasselbe, nicht auf das seitige Elend ihrer Mutter zu sehen, sondern im Hinblick auf Gottes Willen die Wahrheit zu sagen, und schloss mit frömmelndem Blicke nach oben mit den Worten: „penus naben," und das Kind folgte ganz richtig dem hierin gegebenen Wink und sagte: Nein die Mutter habe das in Rede stehende Objekt nicht gestohlen. Eine alltägliche Verwendung ihrer Sprache ist, ausser zu der Erhöhung der Wichtigkeit ihrer mysteriösen Zauberbräuche, — und nichts befängt mehr die Sinne einer einfältigen Bauernfamilie, als das Umsichwerfen mit unverständlichen Redensarten aus einer so ganz fremdklingenden Sprache — der hinterlistige und heimtückische Brauch: in die ausgesuchten Lobsagungen, mit denen die fliessende Zunge der Tater dankend Segen und Lohn auf das fromme Dach, unter dem ihm so viele Güte bewiesen, herabruft, mit derselben anscheinend demüthigen Ergebenheit und im unveränderten Tonfalle grässliche Verwünschungen einfliessen zu lassen, durch welche jene Segnungen vollständig aufgehoben werden und dem finsteren Drange ihres Nationalwunsches, dem ausserhalb ihrer Kaste stehenden Volke Uebles zuzufügen, Befriedigung und Genüge wird. Wie diese Sprache und die daran haftenden Traditionen, durch Aufrechterhaltung des Bewustseins fremd in den scandinavischen Gefilden zu sein, als Erbe der Väter stets das nachfolgende Geschlecht mit dem vorhergegangenen verband, sammelt sie auch noch des heutigen Tages alle Individuen des Stammes zu einem Ganzen. „Aschb dero romannisael?" ist die Frage, die der gebräunte schwarzhaarige Fant auf der Landstrasse oder in dem Gewühle des Marktes den ihm fremden, doch verwandt erscheinenden Fanten zuflüstert, und lautet die Antwort bejahend „Ehe," so sind sie alsbald Freunde und Genossen, die, in ihrer Denk- und Handlungsweise gemeinschaftlichen Grundsätzen folgend, mindestens ohne Weiteres gemeinsame Sache gegen alle „bengeske buroar" (die verdammten Fremden) machen. Da ist es denn leicht erklärlich, welchen durchgreifenden und bewältigenden Eindruck es auf die Tater machte, als sie sich in der unter ihnen herrschenden und über die ganze Welt verbreiteten Freimaurerei dadurch bedroht sahen, dass ihre Sprache nicht nur vom Nichttater verstanden, sondern dass dieser sich derselben soweit bemächtigt hatte, dass er in ihr zu reden und sogar zu predigen vermochte. Der innige Zusammenhang, welcher zwischen der weithin zerstreuten Kaste herrscht, trug schnell das bis dahin Unerhörte in alle Ecken dieser obscuren Welt und Eilert Sundts Name und Ruf wurde in ihr auf eine nicht unvortheilhafte und seinen Zwecken dienliche Art so schnell bekannt, dass schon im Jahre 1851 der Häuptling einer grossen Taterhorde, auf die er hoch oben im Stifte Trondhjem auf der Landstrasse stiess, ihm mittheilte, dass er von einem Manne mit dem Namen Eilert Sundt habe reden hören, der zu dem Tatervolke gehören solle, aber in Christiania zu Höhe und Würde gekommen sei. Wenn nun auch diese Wendung der Sache ein Beweis ist, dass es noch nicht geglückt ist, das Misstrauen der unwilligen Kaste gegen das sie umgebende Volk zu zerstören, so hat doch das vertrauliche Verhältniss, in welches der aufmerksam beobachtende Forscher zu nicht wenigen dieser sonst so übeldenkenden und menschenscheuen Kinder der Wälder und Landstrassen gerathen ist, es ermöglicht, ein Bild von ihrem religiösen und Familienleben, ihren Nahrungswegen und ihren Verhältnissen zur Aussenwelt herzustellen, welches wir in Kürze in der nachfolgenden Darstellung dem geneigten Leser vorführen wollen.

Wie überall, wo Zigeuner als Fremdlinge unter einer ansässigen Bevölkerung beobachtet wurden, fiel auch in Norwegen das seltsame religiöse Verhältniss der Tater auf. Mit derselben Gleichgültigkeit, mit welcher Zigeunermütter, sobald sie unter dem Islam angehörigen Völkern wandern, ihre Knaben beschneiden oder sie unter der orthodoxen oder römischen Kirche denjenigen Heiligen, die an den betreffenden Orten in grösster Verehrung stehen, weihen lassen, suchen die norwegischen Tater, wenn sie mit den Behörden in Berührung kommen, die Taufe nach, bewahren die darüber ausgestellten Atteste mit der grössten Sorgfalt, machen auch ab und zu, in Hoffnung auf Gevattersgaben und Pathengeschenke, den Versuch, in verschiedenen Kirchen die heilige Handlung als Geschäft zu wiederholen, bekennen sich aber offenbar nur um des äusseren Scheins willen zur Gottesverehrung derer, die um sie herum sind. Es hat dieses eigenthümlich indifferente Verhalten den ziemlich allgemein verbreiteten Glauben eines völligen Religionsmangels bei den Zigeunern erzeugt, der dann zu den verschiedensten Volkssagen Anlass gab. So erzählen die Wlachen Rumäniens höhnend: Die Zigeuner hätten sich einst eine Kirche aus Speck, ihrer Lieblingsspeise, gebaut, in der Nacht hätten sie aber die Hunde aufgefressen. In Syrien aber, wo auf Grund einer Stelle des alten Testamentes ein feststehender Glaube herrscht, dass es im Ganzen 72 Volks- und Sprach-stämme auf der Erde gäbe, hat sich in Bezug auf die Zigeuner die Sage gebildet und gilt dort als entschiedene Wahrheit, dass es auch in der Welt 72 und eine halbe Religion gäbe, und diese halbe wäre die der Zigeuner. Der norwegische Bauer geht in seinem Abscheu gegen das verhasste Eindringlingsvolk noch weiter und wähnt, es verehre dasselbe ein böses, statt wie andere Menschen ein gutes Wesen; in Gudbrandsdalen erwuchs aus dieser Meinung die Sage, dass ein Taterweib, welches neun Kinderherzen gesammelt und dem Bösen geopfert habe, unternehmen könne, was sie wolle und hier im Leben in allen Dingen Glück haben würde, wofür ihre Seele indessen nach dem Tode dem Bösen, ihrem Herren, gehören solle.

Man denke sich das Erstaunen Eilert Sunds, als er, trotz dieses allgemein angenommenen Wahnes einer Religionslosigkeit, unter den norwegischen Tatern ein vollständig ausgebildetes Heidenthum aufrecht erhalten fand. Ein späterhin Frederik Larsen genannter Tater — ein „horta romanisael," im Gefängniss zu Akershuus mit Jenem bekannt geworden und erst dort getauft — wurde sein Gewährsmann ebenso hierfür, als er ihm auch die Rommanisprache lehrte und die Lebensweise und Sitten seines Volkes schilderte. Er war besonders dazu berufen, da er, mit allen Licht- und Schattenseiten des ächten Tatergeschlechts ausgestattet, von frühster Kindheit an dem greisen Grossvater, einem Führer nach den Sitten der alten Zeit, auf dem Fantenpfade gefolgt war, bis er nach dem Tode des Alten — der über hundert Jahre alt und seiner Tage müde, den Tod vor den Augen des um ihn versammelten Geschlechts hoch oben im Nordlande in einem finstern Gebirgswasser gesucht und gefunden hatte — unter mannigfachen Schicksalswechseln als Haupt einer selbstständigen Horde umhergezogen und durch Wälder und Felder gestreift war. Spätere Prüfungen, Beobachtungen und Untersuchungen gaben den Mittheilungen Larsens einen noch höheren Werth und bewahrheiteten sie in fast allen ihren Einzelheiten. Er erzählte folgendes:

„In der Zeit, als die Tater noch in ihrem Vaterlande

in der Stadt Assas in Assaria heimathlich waren, sandte „baro devel," der grosse Gott, seinen Sohn „Dundra" in der Gestalt eines Menschen zu ihnen, um ihnen das Gesetz zu offenbaren und in einem Buche niederzuschreiben, — das geheime Gesetz, dem die Tater noch in der ganzen Welt folgen. Darauf stieg Dundra von der Erde auf, setzte sich in sein Reich, den Mond und heisst seit jener Zeit „Alako." Die Alten des Volkes erzählen, dass er gleich nach der Erfüllung seines Zweckes, der Verkündigung des Gesetzes, sich von der Erde fortbegeben habe; Andere aber meinen, dass er sich erst vor den Türken habe flüchten müssen, welche die Tater aus ihrem eignen Lande vertrieben hätten, und dass er auch in diesem Kampfe selbst verwundet sei. In der Zeit des Elends sei er aber der treuste Beschützer der Tater in ihren täglichen Kämpfen mit Türken und Christen gewesen, wird ihnen dereinst zum vollkommenen Siege verhelfen und sie in ihr eigenes Land zurückführen; nach ihrem Tode holt er ihre Seelen hinauf in sein Reich. Die Feinde der Tater sind auch seine Feinde, weil sie den bösen Geistern dienen, nämlich „Beng" dem Teufel und „Gern," Christus, die eifrig danach streben ihn selbst aus seinem Mond-Reiche zu verjagen. Oft sind sie nahe daran ihn zu überwinden, das ist dann, wenn man den Mond abnehmen und verschwinden sieht; aber bald zieht der starke Gott sein Schwerdt und seinen Spiess und kämpft mit aller Macht und schlägt seine Feinde zurück; dann sieht man auch des Neumondes Spitzen hervorbrechen und den Mond wachsen, bis Alakos volles Angesicht auf seine Kinder herabblickt, welche alsdann zwischen den Bäumen des Waldes auf ihre Kniee fallen und den mächtigen Siegesgott preisen. Der Häuptling der Tater bewahrt sorgfältig ein aus Stein geschnittenes Bild von Alako, „barescke Alako;" es ist so gross wie eine Hand und stellt den Gott als einen aufrechtstehenden Mann dar, mit einer Feder in der ausgestreckten rechten Hand und einem Schwerte in der linken. Es giebt einen solchen Häuptling für die norwegischen, einen für die schwedischen und einen für die russischen Tater, und diese drei versammeln alle ihre Völker zu einer Begegnung um die Mittsommerszeit, entweder auf dem „Jemlon", einem Berge in dem Dovre - Fjelde, oder hoch oben im schwedischen Lapplande, oder endlich in dem „russischen Karet," welches eine Stelle auf der Grenze von Grossfinnland sein soll. Hier werden Alakos Bilder unter folgendem Gesange aufgestellt:

„Ostimari stinta
O emi, o vino,
O manga, o tjcia
O rankano deia.
Marra folka
aschar but,
o trinta mi deia.
maa dom tromma ava
o rankano deia.
Bescha dero ivordinan
ja pallar min scharo
aavan min schero
ninna tingra mero
o rankano deia."

Derjenige Häuptling oder Oberpriester, welcher nach regelmässigem Wechsel unter den dreien den Vorsitz hat, hält darauf eine kurze Rede und schliesst sie mit den hochheiligen Worten „Ala manu sana!" Dann treten alle neuvermählten Paare hin zu dem Alakobilde und erhalten gegen eine Abgabe von dem Häuptlinge die Einweihung der Ehe im Namen des Gottes; die neugebornen Kinder werden vor ihn gebracht und benannt, und wenn sie etwa schon auf christliche Weise getauft sind, werden sie in Alakos Namen umgetauft. Die übrige Zeit des Beisammenseins wird mit einem Feste ausgefüllt, bei welchem die Tater sich gegenseitig mit dem mitgebrachten Specke und Brandteweine traktiren und sich untereinander durch ihre Erzählungen, wie sie mit mehr oder weniger Glück die Christen geplündert haben und dadurch „Alako dienten", unterhalten. Wie alles Uebrige, was zu den Tatern gehört, ist auch diese Mondverehrung im Verfalle, und was die ältesten jetzt lebenden Tater noch von Alako wissen, sind nur noch dunkle Erinnerungen an längstvergangene Abentheuer früherer besserer Tage. Von seinem eigenen Verhalten zu dieser Gottesverehrung erzählte Larsen, dass er von dem, von ihm recht gut vorgetragenen Gesange nur einzelne Worte übersetzen könne und dass er, nachdem er in Christianssand getauft worden sei, auf dem von ihm wiederbetretenen Fantenpfade den Bruder seines Vaters, einen Tater von altem Schlage getroffen, der ihm dann ernstlich seinen Abfall von der Lehre der Väter vorgehalten und zum Beweise der schützenden Macht Alakos angeführt habe, dass im Jahre 1833, als die Cholera so viele Leute getödtet habe, in Norwegen auch nicht ein einziger Tater daran gestorben sei, ein Argument, welches den Glauben des Abgefallenen nach seinem eigenen Ausdrucke dahin brachte: „wie auf einer Messerschneide zwischen Gern und Alako hin und her zu schwanken." — Bei allen Untersuchungen und den Vernehmungen einzelner Tater haben diese zwar nie beweisende Bestätigungen des ihnen vorgehaltenen, religieusen Berichtes geliefert, aber auch nie hat sich das geringste Anzeichen ergeben, welches direkt gegen denselben spräche. Eine Aussage eines glaubwürdigen, offenherzigen Taters lautete sogar dahin, dass er mit seinem Vater weitläuftige Reisen gemacht, und einmal in besonders grosser Horde nach dem schwedischen Lappland gezogen sei, wo ein alter schwarzäugiger Fant, der als fremder Genosse mit ihnen gezogen sei, seine Aufmerksamkeit durch die vielen Verbeugungen und wunderbaren Bewegungen erregt habe, mit denen er einmal den

Mond begrüsste, als er über den Wipfeln des Waldes aufstieg. Verschiedene Fanten von einer Halbblutsrace, der jetzt die grosse Mehrzahl angehört, kennen und hegen die Sage von dem kämpfenden Monde und dem Siege desselben, behaupten aber, dass es nur Adam und Eva seien, deren Bilder man im Monde sähe. Es hat den Anschein, als ob sie von den höher Eingeweihten der Kaste nur vorläufig mit dieser Erklärung abgespeist seien.

In ihrem Auftreten gegen die christliche Religion zeigen sich die Tater selbstverständlich nach den herrschenden Umständen sehr verschieden, leicht und häufig führen sie bei ihren Betteleien und Gesprächen eine Fluth frommer christlicher Worte im Munde, werfen aber auch anderemale keck die angenommene Maske fort. So geschah es kürzlich in dem nördlichen Distrikte von Guldalen, den ein frommes christlich gesinntes Volk bewohnt. Ein Bauer forderte an einem Sonntage eine kleine, bei ihm einsprechende Taterhorde auf, seiner Hausandacht beizuwohnen; die Fremden hatten aber nur verwünschende, zornige Worte zur Antwort gegeben und waren fortgeeilt. Dem Taufakte weichen sie für ihre Kinder jetzt nicht mehr aus, sie wissen aus der Zeit der Verfolgung zu gut, welch einen hohen Werth für sie ein „rasoholil" (Taufattest) hat und wie es die wichtigste Bedingung für ihren freien Aufenthalt im Lande ist. Die Confirmation oder gar die christliche Einsegnung ihrer Ehen suchen sie aber nie aus freiem Antriebe nach, sondern empfangen dieselbe in den Zuchthäusern oder unter Aufsicht der Armenversorgungen in den Kirchspielen durch Zwangsmassregeln. In einer solchen Weise empfangene Sacramente vermögen erklärlicherweise auch die Sinnesart nicht zu ändern und machen nur, da schlaue Verstellung den Mienen und der Haltung der Tater ein Anzeichen der empfangenen Gnade aufdrückt, das geheimnissbergende Wesen derselben unheimlicher und abschreckender. Andererseits fehlt es aber nicht an Beispielen, dass die Mächte des Lebens und Todes auch zuweilen den flüchtigen Sinn des Taters ergreifen können, dann aber ereignet es sich meist, dass ihre Angst von grauenhafter Art wird. So theilte dem Eilert Sundt einst ein Greis dieser Race, der zum Empfange der Taufe und Confirmation über Jahr und Tag im Zuchthause zu Christiania gefangen gehalten wurde, Visionen mit, die, wenn sie sich auch nur als Träume herausstellten, noch bei der Rückerinnerung und Erzählung dem Alten die Gesichtsmuskeln krampfhaft zusammenzogen, reichliche Thränenströme unter den gegeneinander gepressten Augenlidern hervorlockten und seine Stimme exstatisch bebend und fast dämonisch klingend machten.

So gering auch der Halt nur sein kann, den die geschilderten religiösen Verhältnisse einem beständig umherschweifenden Volke geben, so hatte sich doch durch ihn ein höchst eigenthümliches Familien- oder Gesellschaftsleben entwickelt, und dass auch dieses jetzt, im Vergleich zu den guten alten Tagen, in Verfall geräth, ist der Hauptpunkt in den Klagen der besseren Tater. Es klingt sonderbar, in einer Schilderung der Sitten einer so niedrig stehenden Welt von gesellschaftlicher Ordnung und dahin einschlagenden Gesetzen zu reden. Die uns als erste Bedingung eines Familienlebens erscheinende feste Heimath und gesicherte Existenz fehlt unter den Bedürfnissen der Taterhorde, wie allbekannt ist, gänzlich, ein häusliches Leben konnte sich also nicht entwickeln. Des Taters Leben beginnt nicht, wie das der meisten Menschenkinder, mit ruhigem Schlummer in der schaukelnden Wiege, und endet, wie es unzweifelhaft ist, höchstens als Ausnahme, aber nicht in der Regel mit der Ruhe in einem ordentlich aufgeworfenen Grabe. Und dennoch entwickelten sich, — auch ohne den Schutz des traulichen eignen Heerdes, dem wichtigsten Vereinigungspunkte im Dasein gesitteter Völker, — moralische Bande, die sich kräftig genug erwiesen, die Familien des entarteten Geschlechtes zusammenzuhalten. So ist die eheliche Treue bis in die neueste Zeit ein unleugbares Kleinod dieses Wandervolkes gewesen, welches ihnen um so mehr Anerkennung zu zollen gebietet, als ihre Lebensweise es ihnen sicherlich schwieriger, wie jeder sesshaften Bevölkerung, macht, die patriarchalischen Sitten des Familienlebens aufrecht zu erhalten. Die Deutung, welche Borrow, der Autor des umfassendsten Werkes über Zigeuner, dem Namen Rommanisäl als „Familienvolk" oder „Ehevolk" giebt, gewinnt dadurch an Wahrscheinlichkeit, denn die Tater selbst behaupten, vom Ursprung an ein Volk einzeln umherstreifender Familien gewesen zu sein, das erst jene Bezeichnung vom Ehebündnisse auf die Nationalität übertragen habe. Nach Larsen, jenem Hauptgewährsmanne Eilert Sundt's, waren die alten Gesetze der norwegischen Tater — die zu seinem eignen Bedauern in der jetzigen Zeit des Verfalls und des Eingreifens der Landesautorität leider nicht länger aufrecht erhalten werden — der Art, dass ein Taterweib, verheirathet oder nicht verheirathet, welches die gähnende Kluft zwischen ihrer Kaste und dem „weissen Blute" nicht offen erhielt und einem Nicht-Tater, er sei nun „buró" (Bauer) oder „rankanó" (Beamter, vornehmer Mann) ihre Liebe schenkte, „ildsmad" (Feuerspeise) genannt und ohne Barmherzigkeit auf den Scheiterhaufen gelegt werden sollte; milder war das Gesetz gegen den männlichen Tater, der sich auf eine oder die andere Art in diesem Stücke versündigte, er sollte nur „kavlemand" (Knebelmann) genannt werden, d. h.: mit auf den Rücken geknebelten Händen und in den Mund gestecktem Pflocke nackt in einen Kreis von Männern gestellt werden, um dort sein von allen Tatern gefälltes Urtheil zu vernehmen, worauf der Kreis sich öffnen sollte, damit die anwesenden Weiber mit Peitschen und ähnlichen Waffen den Sünder forttrieben, — ein Zeichen, dass er nun für immer aus dem Fa-

milienvolke ausgestossen und ein „fallen-i-hrott", wie es mit
einem schwedischen Fantenausdruck bezeichnet wird, sein
solle. Die Veranlassung zu den, zuerst bei der Volkszählung
im Jahre 1845 in Norwegen angestellten Nachforschungen
über die Fanten gab eine, dem betreffenden Departement
übersendete Mittheilung eines Predigers in der Nähe von
Kragerö, dass in seiner Gegend vor Kurzem in einer Versammlung von einigen vierzig Fanten ein derartiges Urtheil
vollstreckt worden sei. Mit gerechtem Stolze verweilten viele
Personen aus dem Geschlechte der Fremdlinge bei den Vorstellungen des ächten Taterlebens der Vorzeit und den romantischen Sagen über mehr als eine schöne „rommanitjei",
die mit Standhaftigkeit nicht allein den Verführungsversuchen andrer Fantenburschen, sondern selbst ehrlichen und
ebensowohl vortheilhaften, als ehrenhaften Eheangeboten
widerstanden haben. Und thatsächlich hätten sich die
dunkle Haut, die schwarzen Augen, Augenbrauen und Haare,
auf die sie mit so grossem Selbstbewusstsein als einen Vorzug hinblicken, inmitten des lichthaarigen, blauäugigen skandinavischen Stammes wohl nicht erhalten können, wenn
die Stammmütter des Geschlechtes sich nicht dieses Gebotes der unverbrüchlichen Treue gegen das Rommani-Volk
erinnert, und es gut aufrecht erhalten hätten.

Eigenthümlich gestaltet sich bei einem Wanderleben,
wie die Tater es führen, das Verhältniss der Aeltern zu den
Kindern, namentlich in der jetzigen Zeit, wo die bessere Justizpflege und milder gewordenen Strafgesetze eine
gewissenhaftere Anwendung derselben gestatten. In Hinsicht auf das Band, welches das gemeinsame Blut um die
zeitweise weit zerstreuten Glieder derselben Horde schlang
und sie immer wieder um das Familienhaupt sammelte,
kann man nur sagen, dass leider seit dem letzten Menschenalter, in welchem sich das vollständige Taterleben nicht
mehr aufrecht erhalten lies, auch dieses bis nahe zum

gänzlichen Zerreissen gelockert ist. Häufig wurden und werden jetzt noch solche wandernde Familien mit Gross und Klein, mit Männern und Weibern mitten in ihrem rastlosen Umherstreifen festgehalten und in Arrest- und Gefängnisslokalen mit allerhand norwegischen Landstreichern und Verbrechern zusammengesperrt, je nach den vorliegenden Motiven ihrer Einbehaltung. Von den Aeltern werden die Kinder getrennt, von dem Gatten die Gattin gerissen, jene werden vielleicht behufs ihres Unterrichtes im christlichen Glauben in Korrektionsanstalten, der Mann wegen eines Verbrechens in ein Zuchthaus, die Frau aber um eines Vergehens halber in ein Arbeitshaus oder anderes Gefängniss gesteckt. Das gewaltsame Voneinanderreissen wird verschlimmert durch ein erzwungenes längeres Beisammensein mit Leidensgenossen des anderen Stammes. So muss allmählig die Scheidewand zerbröckeln, der frühere Hass zwischen den dunkelfarbigen Tatern und den hellhäutigen Sköiern verschwinden und eine Kameradschaft entstehen, verkittet durch den bindenden Schlamm des Lasters und Elendes. Da wird es denn dem Tatervater wohl schwierig werden, den Kindern andere Züge von Zärtlichkeit zu beweisen, als sie zu eben so schlauen Rosstäuschern und Gaunern zu erziehen, wie er selbst einer ist, und ihnen alles Das zu lehren, was nach seinen Begriffen für das Wohl der Kinder dienlich ist, das heisst ihnen Vorschriften zu geben, wie sie sich am besten den Verfolgungen der Gerichte, den Urtheilssprüchen des Gesetzes, dem Unglück der Bestrafungen und der Gefangenschaft entziehen können. Rührender, selbst den Zoll bewundernder Anerkennung verlangend, zeigt sich die sorgfältige und ausdauernde Liebe und die leidenschaftliche Zärtlichkeit der Tatermutter für ihre Kinder, die sie von dem ersten Athemzuge ihres jammervollen Daseins gegen Kälte, Wind, Noth, Elend und Gefahren mit dem ganzen Aufwande der eigenen Kraft zu schützen hat. Man betrachte, wie sich in der Jetztzeit das Leben einer solchen Mutter und eines solchen Kindes gestaltet. Ein schönes „rommani - tjei" (Rommani - Mädchen), und zwar noch ein sehr junges, — denn auch in Norwegen ist eine auffällig frühzeitige Körperentwicklung eine Eigenthümlickeit des Tatervolkes und die Erhaltung dieser Eigenschaft, selbst im nebligen Norden, ist ein redendes Zeugniss ihrer fremden, orientalischen Herkunft — ein solches schönes, junges, lebhaft um sich blickendes Tatermädchen soll eines nicht viel älteren, ebenso schönen, schwarzäugigen Fantenburschen „romni" (Tater-Frau) werden. Die erwähnte einfache Ceremonie des Werbens und der Hochzeit, bis auf die gelegentliche Weihe vor dem Bilde Alakos, ist vorüber, der Bräutigam beweist seinem Schwiegervater nur noch durch Darbringung einer Flasche „katjali" (Brandtewein) seine Dankbarkeit, worauf die ganze Horde unter Lärmen und Geschrei dem „kjellipå" zuschaut, — einem Tatertanze, dessen überaus gewaltsame und eigenthümliche, aber auch schlüpfrige Geberden, Stellungen und Sprünge sich nicht gut mit Anstand schildern lassen — den zu den grillen und schneidenden Tönen einer Geige das junge Paar in glühendster Leidenschaft aufführt. Die Schwierigkeit einer Wirthschaftseinrichtung, die sich so oft der Liebe des sesshaften niederen Volkes entgegenstemmt, ist hier nicht vorhanden; mit leeren Händen oder höchstens einem armseligen Geräthe zur Ausübung der, das zwecklose Wandern verhüllenden Profession zieht das junge Paar von dannen; beide mit gehöriger List und Verschlagenheit begabt und mit hinreichendem Muthe zu allerlei Unternehmungen versehen, um bald die Hoffnung zur Wahrheit werden zu sehen, auf irgend eine Art sich in den Besitz eines Pferdes und alles Uebrigen, was zur Oekonomie eines Grosswanderers gehört, zu setzen. Es ist Sommer mit warmen Tagen und anmuthigen, von nordischem Dämmerlicht mystisch erhellten

Nächten, und während rund umher die norwegischen Bauern und Knechte sich im Schweisse ihres Angesichts oft bis zur Ermattung quälen und mühen, lebt das junge Volk sein gedankenloses, sorgenfreies Dasein im lustigsten Genusse seiner Freiheit und des Augenblicks. Da aber bricht das Verhängniss über sie herein: in Folge der Bestrebungen, sich ein Pferd zu verschaffen, wird der Mann verhaftet und auf einige Jahre zum Zuchthause verurtheilt, sie aber muss weiter wandern, mit seinem Kinde unter ihrem Herzen. Es wird Winter und die Wanderung wird beschwerlicher, sie aber zieht von Distrikt zu Distrikt und sucht keine bleibende Stätte. Die von der Mutter ererbte Kunst, in irgend einer Weise der Bäuerin Mitleid zu erregen, verschafft ihr des Tages die Mahlzeit, des Nachts Schutz und Obdach. Da naht sich ihre schwere Stunde und mit Muth und Kraft weiss sie die Schmerzen der ersten Geburtswehen zu unterdrücken, während sie mit ungewöhnlichem Eifer und mit List sich Nachtherberge in einem Bauernhofe erbettelt. Am Morgen werden dann in dem Winkel, in welchen sie sich scheinbar bescheiden verkroch, als man ihr dort zu ruhen verstattet, zwei Wesen entdeckt. Eilert Sundt schildert eine solche Entdeckungsscene, die übrigens keineswegs zu den Seltenheiten gehört, in der sich ein wunderbares Wechselspiel zwischen dem lärmenden Aerger des Bauers einerseits — der gewissermassen gerechtfertigt ist, da, im Falle es ein männliches Kind ist, das auf seinem Hofe geboren, zu erwarten steht, dass der Kriegskommissär nach zwanzig Jahren von ihm über dasselbe Rechenschaft verlangen wird — und andrerseits dem erheuchelten grossen Schreck der Mutter, welche ihr frohes Gefühl über den Anblick des Kindes in ihren Armen nur schwach verbirgt, abspielt. Ihr gegenwärtiger Zustand giebt ihr die Sicherheit, dass ihre Person unter allen Umständen von dem norwegischen Landvolke als unverletzlich geachtet wird, und um das Einzige, für was sie sorgt,

einige Lappen, um das junge Wesen einzuhüllen, braucht
sie wohl kaum die Frau des Hauses lange zu bitten. Ob
das Kind christlich getauft werden soll oder nicht, lässt sie
getrost von dem Gefühl und dem guten Willen ihrer Umgebung abhängen und fleht sie nur noch um ein Band oder
ein Paar Schnüre, daraus ein Tragegeräth zu flechten, wie
sie es bei anderen wandernden Frauen gesehen hat, um
ihr Kind darin zu tragen. Dann zieht sie, mit dem Kinde
auf dem Rücken, wieder von dannen und geht von
Haus zu Haus; die Mutterliebe macht ihre bettelnde Bered-
samkeit, unterstützt durch das Schreien des unschuldigen
Wesens, unwiderstehlich, durch sein Lächeln belohnt bleibt
sie taub gegen alle Hindeutungen auf ihre Lästigkeit und,
völlig gleichgültig gegen höhnisches Achselzucken und vor-
wurfsvolle Blicke, weiss sie sich das Leben zu fristen, bis
sie, ihr Kleines an der Hand, auf der Landstrasse dem Stell-
dichein zueilt, das ihr der, dem Zuchthaus entronnene oder
aus demselben entlassene Mann ihrer Ehe auf den geheimen
Wegen ihrer nie unterbrochenen Verbindung angab. Bald
hat sie ein zweites Kind auf dem Rücken, und wenn, nach
wenigen Jahren nur, die Hand des Gesetzes oder das Verhängniss eine neue Trennung herbeiführt, hat sie ein ganzes Häufchen zu ernähren. Dann kann man sie den rast-
losesten Eifer und die unermüdlichste Thätigkeit entwickeln
sehen; sie wandert von einem Ende des Landes zu dem
andern, bettelt und prophezeit, stiehlt und lügt und trügt
und hext, nicht achtend des Regens und Schnees, des
Sturms und Unwetters, der Härte und Verachtung Trotz
bietend, nur um der leidenschaftlichen Liebe zu den Kindern ihrer Schmerzen zu genügen, ihnen Schutz und die
Nothdurft des Lebens zu verschaffen und sie in enger Gemeinschaft mit sich zu behalten. Wohl schlägt und rauft ihre
rohe Hand die Kinder öfter, als dass sie dieselben liebkost,
man versuche es aber, sie ihr wegzunehmen und bei

liebevollen Leuten oder in irgend einer Art Rettungsanstalt unterzubringen, und man wird erstaunen, wie sie erst wüthend werden und dann später mit allen ihren Listen und Ränken um das Haus schwärmen wird, um den Kindern verstohlenerweise zu nahen und mystische Worte, die bitteren Hass gegen alle ihre fremden Wohlthäter athmen, in die Ohren zu raunen, so dass sich dieselben endlich für glücklich ansehen, wenn sie eine günstige Gelegenheit finden mit der Mutter hinaus in die wilden wüsten Waldgegenden zu fliehen. Wenn aber die Knaben und Mädchen der Tatermutter gross geworden und im Triebe zur Selbstständigkeit sie verlassen, um Jeder allein mit dem Weibe seiner Sehnsucht auf der Landstrasse einherzuziehen und das Ziel ihres Lebens zu erreichen, so überlässt sie, alt und gebrechlich, sich dennoch nicht, wie sie es vielleicht könnte, in dem einen oder dem andern Orte ihres Geburtsdistrikts der wohlthätigen Ruhe eines Armenvereinsmitgliedes, sondern zeigt sich nur noch rastloser und emsiger als je zuvor. Weiter bettelnd, hexend und prophezeihend zieht sie umher, frägt und späht nach ihren Kindern und Kindeskindern auf den weiten Wegen, und wenn sie zuletzt aus Mattigkeit niederfällt und auf einem Schneehaufen erstarrt, oder in einem Sumpfe versinkt, oder auf öder Höhe verschmachtet, dann ist vielleicht nicht Einer der Ihrigen zugegen, um sie in ihrer Sterbestunde mit einem liebenden Blicke zu trösten.

Ueber die Art und Weise, wie die Taterkinder den Aeltern solche mit ihnen gehabte Mühe lohnen, ist in der grossen Masse des norwegischen Volkes die Vorstellung einer grauenhaften Barbarei verbreitet, doch scheint gerade dieser Volksglaube auf missverständliche Deutung einzelner, den ehrlichen Sinn des Bauern befremdender Scenen zu beruhen. So erzählte ein Landbesitzer als Erinnerung aus seiner Kindheit, dass eine Taterhorde für die Nacht Obdach auf dem

Hofe seines Vaters erhalten hatte; ein zu der Schaar gehörendes, uraltes Weib vernahm man den ganzen Abend hindurch ächzen und weinen, und auf die Frage nach der Ursache antworteten Einige der Uebrigen: „Ah sie ist unsere Aelter-Mutter, und sie weiss, dass sie jetzt ihren letzten Tag erlebt hat!" Dies erklärten die Bauern dahin, dass die Tater beabsichtigten, die Alte am nächsten Tage bei ihrem Durchzuge durch den Wald zu tödten, um sich so ihrer Last zu entschlagen. Allerdings haben, wie es auch bereits erwähnt wurde, offizielle Nachforschungen ergeben, dass die weit zurückreichenden Erinnerungen aus langjährigen Dienstzeiten der Prediger kein Beispiel beizubringen wussten, dass Einer derselben je eine Hand voll Erde auf einen Tater geworfen habe, und nur ein einziger Todtengräber entsann sich, dass er, aber auch nur ein einziges Mal, einem Fanten, von dem es übrigens ungewiss, ob Tater oder Sköier, ein Grab gegraben habe. In Holstein giebt es einen Acker, der seit der Mitte des vorigen Jahrhunderts der Tateracker heisst und von dem die Sage behauptet, dass dort eine Tateraltermutter begraben sei, die von ihrem Stamme erschlagen worden. Von Assens in Fünen berichteten Augenzeugen, dass sie zufällig zu einem Taterbegräbnisse gekommen seien, bei welchem aus dem eng das Grab umschliessenden, fremde Einblicke verhindernden Kreise, die verdächtigen Worte tönten: „Den Leib in die Erde, die Welt ist zu schlimm für Dich!" Die Tater selbst leugnen die Barbarei, den Aeltern das Leben zu verkürzen, auf das Entschiedenste, gestehen aber zu, dass, wie es auch bereits von einem alten abgelebten Greise mitgetheilt ist, diese nach der „Väter-Weise" mitunter selbst ihren Tagen und den Beschwerden des Daseins ein freiwilliges Ende machten. Ausserdem sind, noch in den jetzigen Zeiten, im ganzen Lande rührende Beispiele zu sehen: von Sorgfalt, mit welcher den Alten geholfen wird; wie letztere auf den beständigen

Reisen von den Jüngeren gehegt und gepflegt werden, und wie merkwürdigerweise neunzigjährige Aelter-Väter und Aelter-Mütter noch die vollste Herrschermacht in den Horden ausüben, die den Namen nach ihnen führen; sie geben die Reisen und Unternehmungen derselben an, stecken ihnen ihr Ziel, und liefern mannigfache Beweise, dass sie auch in Wahrheit den Befehl führen. Dass Mitglieder der Horde, die durch unglückliche Zufälle (in Schlägereien oder im Unwetter im Gebirge auf kahlen Felsen) umkommen oder an Altersschwäche in einer Säterhütte dahinsterben, von ihnen lieber in der Wüste verscharrt werden, als dass sie die Leiche zum christlichen Begräbniss in geweihter Erde hinabführen, räumen die Tater ein. Es erklärt sich dies nur zu leicht, da solcher Vorfall wohl stets durch Einmischung des Predigers oder Bezirks-Voigts Untersuchungen, deren Ausfall zu fürchten sie immer Ursache haben mögen, herbeiführen würde.

Das überall, wo Zigeuner verkehrten, bemerkbar gewordene und auch selbst geringer Aufmerksamkeit nicht entgangene Faktum der wunderbaren Anhänglichkeit an das umherschweifende Leben ist auch in Norwegen mannigfach hervorgetreten, selbst bei noch kleinen Kindern dieser Race, die von Predigern, Beamten, Bauern und sogar von armen Hüttenbewohnern der entlegenen, düsteren Thäler des Gebirges vorsorglich in Pflege und Obhut genommen wurden. Fast nie ist es geglückt, solch ein Taterkind — selbst wenn es im zartesten Alter seiner Race entfremdet und, wie ein wilder Schuss zwischen den edleren Gewächsen des Gartens, mit derselben Liebe wie die eigenen Kinder gepflegt wurde — zu zähmen und ihm den Sinn für Häuslichkeit und Beständigkeit einzuflössen. Es haben sich darüber zwei Sprüchwörter im Munde des norwegischen Volkes ausgebildet, von denen das eine sagt: „dass aus einer Katze kein Hund zu machen sei," das andere aber ausdrücken will, dass die Taterkinder wie die Jungen der wilden Gänse wären, welche den ganzen Sommer hindurch vollkommen zahm auf dem Hofe des Bauern unter den andern Gänsen umhergehen, aber, wenn der Herbst kommt und ein Volk wilder Gäuse vorüberfliegt, dann auch mit diesen fortstreichen. Die, auch in anderen Ländern noch im Volksglauben wurzelnden Geschichten von Kindesraub durch Zigeuner, die dort wohl durchweg einer fernerliegenden Vergangenheit angehören, dürften gerade in Norwegen die Furcht vor ihrer Wahrheit nicht ungerechtfertigt erscheinen lassen. Wäre es unerklärlich, wenn die Tatermutter, der die Obrigkeit oder Armenkommission mit Gewalt ihr eigenes Kind wegnehmen liess, um es zu besseren Lebenszwecken erziehen zu lassen, dadurch eine fürchterliche Vergeltung zu üben suchte? Nicht vereinzelt steht ein Bericht der jüngsten Zeit da, wonach ein Prediger aus Throndjhem mittheilt, dass er zu einer in seiner Nähe wohnenden Häuslerfamilie gerufen ward, weil dieselbe von einer zahlreichen Fanteuhorde belästigt wurde, die sich schon seit mehreren Tagen in den Häusern der armen Leute aufhielt und sich aus ihrem Speisevorrath versorgte, ohne nur einmal Miene zu machen, bald weiter ziehen zu wollen. Der Prediger wurde in dieser Horde auf einen ganz kleinen Knaben aufmerksam, der durch seine hellblonden Haare und blauen Augen sogleich verrieth, dass er nicht zu der sonst ganz dunkelhäutigen Familie gehöre, und auf die Frage nach der Herkunft des Kindes erklärte ein abscheulich hässliches, sehr altes Weib, das mit gewohnter Keckheit das Wort für die übrigen führte, dass sie, um einer armen Häuslerfamilie im hohen Norden einen Dienst zu leisten, das Kind mit sich genommen habe, damit es von ihren Söhnen eine nützliche Profession erlernen möge. Und wie hier die Alte es wagte, mit der wenig glaubhaften Geschichte vor den Prediger zu treten, so lieben es die Taterweiber im höheren Alter sich durch allerlei Kunstgriffe in den Augen der grossen Menge mit der Würde einer Pflegemutter zu umgeben. Für den Glauben, dass solche Unthat eine nicht selten vorkommende, sprechen die alten bekannten Ereignisse, die sich bis in die allerletzten Jahre (nach einigen von verschiedenen Zeitungen zur allgemeinen Kenntniss gebrachten Beispielen von dem plötzlichen Verschwinden kleiner Kinder) wiederholten. Ein weit verbreiteter Aberglaube gab dem Umstande, dass auch die aufmerksamste und schnellste Nachforschung der, sich bei derartigen Vorfällen mit der wahrsten Theilnahme zur Hülfe versammelnden grossen Anzahl Leute keine Spur der Vermissten zu entdecken vermag, die Deutung, dass es das Schicksal der Verschwundenen gewesen sei, „von den Unterirdischen, den Huldren, in die Berge geholt zu sein"; wesshalb auch an vielen Orten bis vor Kurzem nach ihnen mit den Kirchenglocken, welche oft mühevoll viele Meilen weit an die betreffende Stätte geschafft wurden, geläutet wurde, weil der Klang des geweihten Metalles den Zauber brechen und die Huldren zwingen sollte, die geraubten Sterblichen zurückzugeben. Ueberall aber, wo die Aufklärung diesen Aberglauben zerstörte, herrscht jetzt die, sich wohl der Wahrheit mehr nähernde Meinung, dass das Fantenvolk und vorzugsweise Taterweiber, im Vorbeistreichen die Kinder geraubt hätten, um durch sie, in ekle Lumpen gehüllt, auf in weitere Fernen gerichteten Bettelzügen eher das Mitleid zu erregen.

Kaum weniger wunderbar wie der Zusammenhalt einer solchen wandernden Familie unter den mannigfachen Beschwerlichkeiten ihres Reiselebens, ist die Thatsache, dass die verhältnissmässig wenigen Taterfamilien, die sich vor einigen Jahrhunderten in das weite norwegische Land verirrt haben, stets einander wiederfinden, so dass sie, von der übrigen Bevölkerung des Landes auf das Allerschärfste abgesondert, eine Art gemeinschaftlicher Bevölkerung bilden konnten. Bezweifelt man auch die vielfach behaupteten regelmässigen Zusammenkünfte, so beweist doch die Aufrechterhaltung ihrer Sprache und Bewahrung ihrer Traditionen einen steten Zusammenhang und Verkehr unter den einzelnen Horden. Nach den Angaben Larsens, die gerade hierin überall bestätigt gefunden wurden, ist durch eine der einfachsten, aber dabei sinnreichsten Erfindungen, welche von diesem Wandervolk zu einem völligen System ausgearbeitet wurde, dies ermöglicht, und darin der Schlüssel zu einer der vielen sonderbaren Erscheinungen des Taterlebens gefunden. Das plötzliche Auftreten zahlreicher Schaaren von Zigeunern in allen Ländern und ihr ebenso plötzliches Verschwinden, ohne dass man weiss, woher sie gekommen und wohin sie gezogen, ist durch das Signal-System begreiflich gemacht. Wenn die Rommanisäl durch einen Distrikt wandern und an einen Kreuzweg kommen, pflegen sie gern drei kleine Tannenzweiglein auf die rechte Seite des Weges, den die Horde einschlägt, zu legen und, damit die Zweige nicht etwa vom Winde fortgeblasen werden, wälzen sie einen kleinen Stein auf jeden derselben. Derjenige, der nicht weiss, was dieses Zeichen bedeutet, legt auch keinen weiteren Werth darauf, die andere desselben Weges ziehende Horde ersieht aber daraus, wo sie Bekannte findet. Namentlich ist dies aber für solche Rommanier gut, die aus Gefängnissen entflohen und der Hülfe benöthigt sind. Dies Zeichen heisst in der Tatersprache „Patron". Im Winter bedienen sie sich eines anderen Zeichens, das „gaano" heisst; es ist eine Figur, die sie mit der Peitsche in den Schnee schlagen und die einem oben zusammengebundenem Sacke gleicht. Beide Merkmale kommen ihnen auch sehr zu gut, wenn zwei oder mehrere Horden darüber einig geworden sind, zusammen zu reisen, was sie jedoch, um der Aufmerksamkeit der Behörden besser zu entgehen, in Zwischenräumen einer oder mehrerer Tageswanderungen ausführen müssen. Tritt ein oder das andere Hinderniss der verabredeten Reise in den Weg, so senden sich die verschiedenen Parteien auch gegenseitige Botschaften und die Ueberbringer derselben richten ihren Weg dann lediglich nach diesen ausgelegten Merkmalen.

In dem beständigen Gebrauche dieses Signalsystems liegt auch ein Beweis des Bewusstseins einer gegenseitigen Brüderschaft unter den Tatern. Der aus dem Gefängniss ausgebrochene Flüchtling, der irgend eine Horde „seines Volkes" findet, ist, wie erwähnt, aller Hülfe und Unterstützungen gewiss, welche ihm dieselbe gegen die Nachstellungen der Gesetzeswächter oder der Privatfeindschaft bieten kann. Gerade die Idee einer solchen heilig gehaltenen Brüderschaft verursacht aber auch häufig entsetzliche Schlägereien unter den Tatern selbst. Von Fremden, die ausserhalb ihrer Raçe stehen, nehmen sie leicht Zeichen des Unwillens und der Verachtung hin, es sind ihnen dieselben gleichgültig, da sie mit ihnen fast nichts mehr zu schaffen haben; aber die unbedeutendste Kränkung von einem „Bruder", an den sie grössere Forderungen stellen, ist eine Ehrensache, welche Genugthuung verlangt. Desshalb geht auch der „horta rommanisäl" in dem sonst so friedlichen Norwegen stets bewaffnet umher und fast ein jeder unter ihnen hat in zahlreichen Narben an seinem Körper die Beweise zu liefern, dass auch er an Kämpfen auf Leben und Tod betheiligt gewesen ist. Diejenigen, welche durch ihre Charaktereigenschaften vermuthen dürfen, häufigeren Angriffen ausgesetzt zu sein, pflegen sich nicht selten durch eine Art aus Stahldraht geflochtenen Panzer, den sie unter dem Hemde tragen, gegen Stich und Schnitt mit dem „tjuri", einem in dem Griffe feststehenden Messer, zu schützen. Die Hauptwaffe des Taters ist aber der „tjukni" (Fechtstab), unter dessen gewichtigen Schlägen er seinen Widersacher bald betäubt zu Boden sinken sieht. In der norwegischen Sprache nennen sie ihn gewöhnlich harmlos „Peitsche" und maskiren ihn dann auch mit einer Schnur, so dass sie ihn auch wirklich als solche gebrauchen hönnen; seine eigentliche, mehr kriegerische Bestimmung verbirgt dem Uneingeweihten oft ein Ueberzug von Leinwand oder Fell. Er hat die Länge eines Spazierstockes, wird am Liebsten aus Bambusrohr verfertigt und am obern und untern Ende mit Metallbeschlag versehen. Ein in seiner Mitte angebrachter Handgriff ermöglicht seine leichtere Handhabung als Waffe und ein mit Blei gefüllter Messingknopf an jedem Ende legt eine zermalmende Gewalt in die mit ihm geführten Schläge. Selbst wenn die Tater zum Scherz oder zur Uebung diese Waffe schwingen, ruft das kriegerische Spiel ihre Leidenschaften wach und es legt sich dann in der Regel ein unheimlicher Ausdruck ungebändigter Wildheit auf ihre Züge und ihr ganzes Wesen. Der Stock wird wie ein Rad geschwungen und während des fingirten Kampfes, bei dem sie pariren und dann wieder Ausfälle machen, so schnell aus der rechten Hand in die linke hinüber und zurückgeworfen, dass der Wechsel kaum zu bemerken ist; ein Kunstgriff, der nicht allein erlaubt das Gefecht fortzusetzen, wenn der eine Arm verwundet ist, sondern auch gestattet, unvermuthete Angriffe von derjenigen Seite zu machen, von welcher sie am Wenigsten erwartet wurden. Einen guten Theil der Jugend und des Mannesalters hindurch übt sich der Rommanier manche Stunde im Gebrauche dieser Waffe. Kommt es zum Ernstkampfe mit den Fechtstäben, wird es in der Regel eine wilde und wüste Scene. Die sich mit angespannten Muskeln und noch mehr angespannten Blicken gegenüberstehenden Männer hetzen ihre sie stets begleitenden Hunde gegeneinander, damit dieselben den Kampf auf eigene Hand führen und namentlich dadurch verhindert sind zu versuchen, ihrem Herrn zu Hülfe zu kommen. Oft unternimmt aber, um einer Niederlage ihres Geliebten vorzubeugen, eines der Weiber der beiden Kämpfenden das Wagniss ihm beizuspringen, was sie fast jedesmal mit der Frau des anderen aneinanderkommen lässt, wobei sie sich in die Haare fallen und Zähne und Nägel als Waffe gebrauchen, während ihnen ihre Kleinen vielleicht auf dem Rücken sitzen und heulen und schreien. So gab es vor wenigen Jahren in Ullensacker ein öffentliches Aergerniss, als bei einer Schlägerei zwischen zwei an Männern reichen Fantenhorden sich zwei Weiber mit so erbitterter Heftigkeit betheiligten, dass sie auf einander losfuhren, sich rangen, zerrten und schleppten, bis sie sich schliesslich beide gegenüberstanden, ohne auch nur noch einen einzigen Faden auf ihren braunen, hier und da blutenden Körpern zu haben.

Ausser diesen wilden und rohen gelegentlichen Schlägereien kommen unter den Tatern eine Art gewissermassen gesetzlicher Zweikämpfe vor, die in manchen Zügen an die, in der besseren norwegischen, ansässigen Bevölkerung schwer und noch nicht ganz ausgerotteten Sitte des „Knivgang's" erinnern, jenes Zweikampfes, welchen zwei mit einem Riemen in der Taille aneinandergekoppelte Männer mit ihren kurzen Taschenmessern führen und welcher den schwedischen Bildhauer Mollén zu der bekannten, so naturwahr und schön ausgeführten Gruppe begeisterte. Ob die Tater sich hier der altnordischen Kampfesweise bemächtigt oder ob sie eine ihr verwandte aus Asien mitgebracht, ist unentschieden. Der Bericht eines zufälligen Augenzeugen schildert sie folgendermassen:

„In der Hütte eines Häuslers standen in der engen Stube, durch deren nächtliches Dunkel ein Kiehnspahn seinen unsicheren Schein warf, mitten auf der Diele zwei wild um sich blickende Tater und die übrige Horde in geschlossenem Kreise um sie herum, während die Häuslerleute sich in der Seitenkammer erschreckt zusammengeschaart hatten und schüchtern durch die offene Thür sahen, wobei die Kinder weinten und schrieen. Ein Paar von den Taterweibern stimmten ein Geheul oder eine Art Kampfgesang an, in dem sich der Wiederholungsreim: „de án tjurodine" [gieb ihm einen Messerstich] scharf betont heraushören liess, und erst darauf näherten sich die Kämpfenden mit Vorsicht und Muth einander und schwangen ihre, mit wollenen Tüchern umwundenen Fäuste um sich herum. Ihre Augen glühten lebhaft und, ihren Bewegungen folgend, konnte man ein im Zickzack durch das halbdunkle Zimmer leuchtendes Blitzen gewahren. Es rührte von zwei Messerklingen her, die, nur einen Zoll lang, schmal und dünn, aber zweischneidig und blank geschliffen, an einem mit Leder umwundenen beweglichen Schaft, der gut in der Hand liegt, sitzen und aus dem um die Hand gewundenen Tuche hervorragen. Die Stösse dieser, bis zum Schneiden von Pechdraht geschärften Messer werden nicht gehört und die Schnitte derselben augenblicklich kaum von den erhitzten Kämpfern gemerkt; sie sind lautlos und ebenso herrschte von dem wirklichen Beginne des Kampfes ab eine lautlose ängstliche Stille in dem, die Kämpfenden umgebenden Kreise. Es gilt, scharf zu beobachten, denn in diesem Falle müssen gewisse Kampfgesetze ehrlich aufrecht erhalten werden. Als der, dessen Blut am stärksten strömte und dem es schwarz vor den Augen zu werden schien, seine rechte Hand auf den Rücken legte und damit das feststehende Zeichen gab, war der Kampf beendet und sollte, wie es das Kampfgesetz ausdrücklich vorschreibt, auch aller Hass erloschen sein."

In dieser althergebrachten grausamen Weise wurde vor wenigen Jahren ein auf dem Marktplatze in Levanger entstandener Streit unter Tatern entschieden, bei dem der Kampf gewaltsamer endete, als es wohl eigentlich geschehen sollte. Der Eine der Kämpfenden stürzte wie rasend, mit einem Messerstiche in dem Hirnschädel, aus dem Kreis heraus, lief etwa eine Viertelmeile weit und fiel dann todt nieder. Als der Leichnam in dem nächsten Amtskrankenhause obducirt wurde, fand der Arzt, ausser der frischen tödtlichen Wunde, als Merkmal einer früheren gleichartigen Schlägerei, unter der längst verhärteten Haut des starken, dicht mit Haaren bewachsenen Schädels eine kleine abgebrochene Messerschneide. Entblösst man die Arme und Brust eines Taters, findet man sicherlich die ihnen als Auszeichnung geltenden Erinnerungsmale solcher Kämpfe in schweren, tiefen, der Kreuz und Quere nach laufenden Narben, die oft später als sichere und besondere Kennzeichen in den Signalements ihrer Reisepässe figuriren oder in ihnen nachgesendeten Steckbriefen zum Verrathe auffordern. — Jenes Gebot des Tatergesetzes, dass mit dem beendeten Kampfe der Hass erloschen sein solle, scheint durch den Umstand bewahrheitet zu werden, dass, wenn die Polizei über eine solche kämpfende Partei kommt und sie alle verhaftet, es kaum jemals stattfindet, dass der verstümmeltste Tater der Obrigkeit hilft, denjenigen herauszufinden, der ihm die Wunden beigebracht hat. Es bilden die Tater eine Welt für sich, die norwegischen Gesetze und die norwegischen Richterstühle sollen nun einmal nach ihrem Willen Nichts mit ihnen zu schaffen haben.

Wenn auch nicht denselben leidenschaftlichen Eifer, wie in ihrem gegenseitigen Handeln, beweist die Taterraçe im Verhalten zu den Leuten ausserhalb ihrer Kaste und in dem Bestreben, sich ihren täglichen Lebensunterhalt zu verschaffen, eine merkwürdige Schlauheit und von dem übrigen Fantenthum abweichende Eigenthümlichkeiten. Unter den Nahrungswegen, die sie bei ihrem Herumstreichen einschlagen, ist der gewöhnlichste die Befassung mit Schmiedearbeit; sie führen sogar mitunter einen Blasebalg mit sich herum, um dort, wo immer ein Bauer ein Paar Hufeisen gefertigt haben will, eine Werkstätte zu improvisiren. Die Beschäftigung mit Pferden bleibt in ihren Augen immer die ehrenwertheste und es ist nur dieser Leidenschaft entsprechend, dass sie sich die grösseste Mühe geben in ihren Reisepässen den Titel „Thierarzt" beigelegt zu erhalten. Der norwegische Bauer fängt erst allmälig an — nach, durch Unwissenheit oder gewissenlose Behandlung seitens der Rathgeber entstandenem Verlust mancher Pferde und Hausthiere belehrt — den Vagabonden, auf deren Ankunft er oft sehnlich wartete, sein Vertrauen zu entziehen. Natürlich sind sie auch stets nebenher Pferdehändler, und wenn es auch allerdings den Anschein hat, dass aller Orten und in allen Ständen dieses Geschäft einen Hang zur Ueberlistung zum Begleiter hat, der den Ausdruck „Rosstauscher" in „Rosstäuscher" im Volksmunde wandelte, so brachte es doch der Tater in Entwicklung der Pfiffe und Kniffe desselben am Weitesten. Ein fast allgemein verbreitetes norwegisches Sprüchwort zielt auf die, unter den Tatern nicht ungewöhnliche Kunst, den Zähnen alter Pferde die eine grössere Jugend kennzeichnenden Jahresringe einzuschneiden und mit Russ zu schwärzen, wodurch sie leicht einen „Tummel" (13jähriges Pferd) in einen „Gick" (6jähriges Pferd) verwandeln.

Die Thätigkeit eines Taterweibes ist aber noch weit reicher an Erfindungskünsten und Abwechslung. Sie ist in der Regel mit ungleich grösserer Begabung ausgestattet als der Mann, muss aber auch in ächt orientalischer Weise, selbst im kalten Norwegen ohne Rast und Ruhe arbeiten und den grössten Theil der Mühen für die Erhaltung der Familie tragen. Während der Mann sich von der Behörde den Reisepass, welcher der ganzen Horde die ungehinderte Passage auf den Landstrassen sichert, zu verschaffen und bei sich zu führen hat, führt das Weib gern Documente sonderbaren Aussehens mit grossen Signaturen und wunderbaren Schriftzeichen mit sich, welche beweisen sollen, dass sie bei den „weisen Finnen" ihre Lehre in der Arzneikunde bestanden habe; eine Täuschung, die, bei einem alten festgewurzelten

Aberglauben der norwegischen Bauern, ihnen Zugang zum Vertrauen derselben, oder was mehr ist, den zu ihren Speisekammern und Kleiderkisten verschafft. Das Trugsystem, welches sie anwenden, ist übrigens keineswegs eine finnische Erfindung, vielmehr eine ihrer Race eigenthümliche Kunst, die sie bei ihrer Ankunft mit in das Land brachten und von Generation zu Generation mit den Erweiterungen, die Fleiss und Eifer herausstudirt hatten, vererbten.

„Wer bei den weisen Finnen gelernt hat, kann Alles, und so schaut das weise Taterweib tief in die Vergangenheit und weit in die Zukunft, gebietet über die verborgenen Kräfte der Welt und herrscht über Glück und Unglück." Dies ist die Anschauung, in welcher die schlaue Kaste des niedere Volk über sich erhalten will und die in dem, vom Aberglauben befangenen, nicht zu weiten Horizonte der Bäuerinnen nur noch allzu fest wurzelt. In dieser Richtung entwickelt denn auch das Taterweib ihre Gaben vorzugsweise und, wie der Mann seine Liebe auf die Pferde des Landes geworfen hat, macht sie die Kühe zum Gegenstande ihrer besonderen Sorge. Es ist dies schon an und für sich ein Beweis scharfer Beobachtungsgabe; denn die norwegische Bäuerin hat nächst dem Gedanken an das Wohl ihrer Kinder, — welche Sorge sie mit dem Vater und Schulmeister theilt — nur den anderen, — dessen Verantwortung, Ehre und Schande ihr allein obliegt — an das Gedeihen ihrer Kühe. Der erste Lehrsatz der geheimen Wissenschaft, der „summipå" der Taterfrau ist nun der: dass jeder Unglücksfall, jede Krankheit des Viehs eine übernatürliche Ursache habe, den Einwirkungen der bösen Mächte, des Neides, der Missgunst oder des bösen Blickes ihr Entstehen danke, und nur durch geheimnissvolles Wort und Zauber einer weisen Frau abgewendet und geheilt werden könne. Darum hat auch jedes vorsichtige Taterweib stets eine „drabbescke-motki" (Gift-Büchse) bei sich, d. h. eine Schachtel mit etwas Teufelsdreck, Bibergeil, Salpeter und Schwefel, eine getrocknete Kalmuswurzel u. d. m. Hiermit und mit ähnlichen Naturalien werden geringere Uebel geheilt; in schwierigen Fällen aber wird nur die „ragusta" angewendet, d. h. die Hersagung von geheimen Zaubersprüchen, deren Kraft jedoch gewöhnlich durch gewisse sichtbare Mittel unterstützt wird. Diese sichtlichen Mittel, welche die Zauberkundige im Kampfe mit den, sich dagegen wehrenden Geistern nach bestimmten, allein entscheidenden Formeln anwendet, sind der „Bu-Stein" und das Rückgrad der „weissen Schlange." Jener ist ein mystisches Ding, von dem jedes Kind in Norwegen reden hörte und dessen Geheimnisse auch alte, kluge Frauen des Bauerstandes zu kennen und sie verwenden zu wissen vorgeben; was ihnen jedoch die Taterfrauen hohnlächelnd absprechen. Er soll schwarz von Farbe sein, an Grösse eine Nuss um Etwas überragen und aus dem äussersten Finnmarken geholt werden. Im Rückgrad der weissen Schlange ist alle erdenkliche Zaubermacht verborgen, dasselbe ist aber auch nur von einem schon durch Zaubermacht geschützten und gestärkten Taterweibe zu erlangen. Diese weisse Schlange wird nämlich nur dann sichtbar, wenn alle Schlangen auf viele Meilen im Umkreise sich an einem Punkte zu einer Art Schlangen-Thing versammeln. Dann muss die Taterin auf blossen Füssen durch das zischende Gewimmel schreiten, die weisse, gifterfüllte Zauberschlange ergreifen und ihr furchtlos den Hals umdrehen; ihr Fett und vorzugsweise das Knochengerüst sind die ungemein kräftigen Werkzeuge, um die überirdischen Wirkungen hervorzurufen, indem der Zaubergeist, der in dem Thiere wohnte, der Obermacht des Menschen, der das Gerippe desselben rechtmässig besitzt, unbedingte Folge leisten muss. Genaue Untersuchungen der „drabbescke-motki" ergaben mit Bestimmtheit, und zwar als Bestätigung einer von Frederik Larsen gegebenen Aufklärung, dass dies Rückgrad der weissen Schlange die Zahnreihe des Rochen ist, der an den

Küsten, an welchen er zufällig mit in die Netze geräth, mit Ekel betrachtet und ganz unbenutzt verworfen wird und daher in den vom Meere abgelegenen Distrikten, wo ihn die Schlauheit der Weiber seine Rolle spielen lässt, völlig unbekannt ist. Als Bustein figurirt ab und zu eine Art Konglomerat von Haar, Sand und Gries, das sich zuweilen im Magen oder den Eingeweiden des Viehs, vorzugsweise der Ziegen, findet; meist aber eine kugelförmige Blase oder Knospe gewisser Tangarten, die, ein amerikanisches Gewächs, durch die Wasser des Golfstroms an die norwegische Küste getrieben und, in der Sonne getrocknet, schwarz und steinhart wird. — Gewiss ist es ein Beweis überlegener Schlauheit der Taterweiber, als Basis ihrer Trugkünste die festgewurzelten abergläubischen Meinungen zu nehmen, die sie bereits im norwegischen Volke vorfanden, denn der grossen Masse desselben galt eben der „Bustein" seit den Zeiten Arild's als Universalmittel gegen alle Viehkrankheiten und die uralte Vorstellung über den Midgardswurm, die bei der nördlichen Küstenbevölkerung sich noch bis heut als Furcht vor dem „Krake" erhielt, dürfte wohl auch noch in der Sage von der freilich zusammengeschrumpften kleinen, aber übermässig giftigen Schlange zu erkennen sein.

Die mannigfachen Thatsachen, dass kranke Kühe unter der Behandlung der Taterweiber wunderbar schnell geheilt wurden oder entgegengesetzten Falles, dass alle Kreaturen in einem Viehhause, über welches eine solche Hexe ihre Verwünschungen aussprach, plötzlich erkrankten, klärten verschiedene Geständnisse und Untersuchungen einzelner Fälle leicht durch die Kenntniss und Verwendung verschiedener Pflanzengifte auf und ergaben sogar bei einem, unter ihrer Race hervorragenden Weibe den Besitz einer ausgestopften, mit mechanischen Vorrichtungen versehenen „Zauberkatze," behufs einer regelrecht festgestellten Praxis bei deren Anwendung. Das Hauptgift, dessen sie sich bedienen und dessen schädlichen Wirkungen, sobald dasselbe erkannt ist, von dem Eingeweihten leicht gehoben werden können, da es nicht unbedingt tödtlich wirkt, ist eine Wasserrübe. Sie soll, der unter den Tatern herrschenden Sage nach, von den Schotten unter dem Obrist Sinclair mit in das Land gebracht sein und wächst thatsächlich fast nur in Sel (einem Annexkirchspiel von Vaage in Gudbrandsdal, woselbst die Schotten vorzugsweise gehaust), wo sie Eilert Sundt bei dem Gastgeberhofe Lauerdal selbst vorfand. Diese Pflanzen sind auch unter den Namen Sels-Näpper (Sels-Rüben) bekannt und werden von dem Vieh, ihres süsslichen Geschmackes halber, mit Begierde gefressen, wesshalb die Bauern sorgfältig die wenigen Sümpfe, in denen sie wachsen, einzuzäunen pflegen. Hierher machen die vorsichtigen Taterfrauen aber alljährlich eine Wallfahrt, um die ihnen so nützliche Rübe zu holen, mit welcher sich dann, kurz vor ihrem offnen Auftreten in einem Bauerhause, ein Mitglied der Horde des Nachts heimlich in den Viehstall zu schleichen weiss, um der besten Kuh ein Stück von der, die Milch zurückhaltenden Pflanze in das Maul zu stecken, um welches er ihr gern noch Seifenschaum als vermeintlichen Gischt schmiert. Dem Scharfblicke der, des Tages darauf bettelnd oder unter irgend einem Vorwande in das Haus tretenden weisen Frau entgeht das in Folge irgend eines Neides dem Vieh drohende Unglück nicht; sie wittert dasselbe in der Luft ihr starrer, durchdringender, die Bäuerin ängstigender Blick sieht es über dem Haupte derselben schweben, leicht gesteht diese nun den Unfall im Stalle und lässt sich gern die angebotene Hülfe gefallen, welche sich die Taterin selbstver-, ständlich auf die reichlichste Weise lohnen lässt, wozu ohnehin schon die Dankbarkeit das ehrliche, getäuschte Bauervolk spornt.

Auch auf andere, weniger Vorbereitungen erfordernde Weise gelingt der Trug. Namentlich die Furcht vor Neid und Missgunst benutzend, werden durch diese die ebenso leicht- als abergläubigen Bäuerinnen, am liebsten in Abwesenheit der Männer, beredet und beschwindelt reiche Geschenke zu geben oder werthvollen Besitz, um denselben zu schützen und ihn sich zu erhalten, den Tatern zur Ausführung eines Zaubers u. s. w. anzuvertrauen, selbstverständlich auf ein Nimmerwiedersehen. Diese Art Gaunerstreiche, bei denen ohne feststehende Norm die Gelegenheit beim Schopfe ergriffen werden muss, heissen in Norwegen „baro kokkipå" (Gross-Lüge) oder auch „ruperske summipå" (Silberzauber), da sie sich vorzugsweise auf Erlangung des oft reichen Silberschatzes richten, der als „heimanfårdssölv" die Brautgabe der norwegischen Bauertöchter bildet. Hilft etwa die listige Rede allein nicht dazu die einfältige Hausmutter zu überzeugen, dass nachbarlicher Neid ihr Glück bedroht und Unheil bereits im Stalle laure, wird zu schlagenderen Beweisen gegriffen und ein „kil summipå" (Butterzauber) muss helfen. Bei einem erbetenen Zwiegespräche im Seitengemache verlangt das Taterweib ein Stück frischester Butter zu sehen, und mit einem Messer, das sie im Geheimen mit pulverisirtem Röthel bestrichen, macht sie einen tiefen Schnitt in dasselbe. Die rothen Streifen, die in der Butter augenblicklich zu sehen sind, werden dann zu einem sichtlichen Zeichen des unsichtbaren Bösen, das lange hier unter dem Vieh geherrscht hat; dieselben beweisen ja, dass „Blut in der Milch ist", ein Unglück, für welches des Taterweibes Erfahrung zum Heile des Hauses ein gutmachendes und nicht zu hoch zu lohnendes Mittel weiss.

Bei einer solchen Achtung gebietenden Stellung, wie die Rolle der Helferin und Trösterin in der Noth, Dank dem Aberglauben der Bäuerinnen, den Taterweibern sichert, treten dieselben denn auch dort, wo die augenblicklich geleistete Hülfe ihnen ein Recht auf Erkenntlichkeit sichert, als die unverschämtesten Bettlerinnen auf, die eher eine gebietende, als eine flehende Sprache führen. Derjenige, dem die Einfalt übernatürliche Gaben zutraut, um damit Böses abzuwenden, muss natürlich auch als ein Wesen gefürchtet werden, welches gleichfalls es in seiner Macht hat, ebensogrosse Uebel herbeizuführen, und in dieser Furcht, die die Taterraçe sich wohl zu Nutze zu machen weiss, geben die Leute aus dem Volke der Unverschämtheit derselben nur zu schnell nach und liefern auf den ersten Wink, was ihnen keck abverlangt wird. Selbst wenn, der verzögerten Gewährung gar zu gieriger Forderungen zur Folge, es zu Gewaltgebrauch kommt und die Tater der sich vertheidigenden Uebermacht unterliegen, weiss häufig die Schlauheit der Weiber, mit Benutzung der bäuerlichen Furcht vor schlimmer übernatürlicher Rache, es zu einem dahingehenden Akkord zu bringen, dass im äussersten Falle gegen eine kleine Entschädigung das gefährliche Volk ohne Einmischung der Behörden in einen anderen Distrikt ziehen darf. Aus diesen Gründen drängen sich denn auch diese Bettlerinnen am liebsten bei armen Leuten ein, die allerdings wohl am Wenigsten zu geben haben, dafür aber auch die wenigste Kraft in sich fühlen, sich der Frechheit derselben zu widersetzen. Aber auch bei besser gestellten Leuten bei denen mehr Selbstbewusstsein herrschen sollte, wagen sie ihre Künste und Eilert Sundt führt Beispiele an, wo es ihrer beharrlichen Zudringlichkeit und betäubenden Redseeligkeit mit Hülfe nicht uninteressanter Taschenspielerkunststückchen, so unglaublich es erscheint, selbst Beamten gegenüber gelang, ihr Spiel durch ein einfaches Gaunerstück zu gewinnen.

Aber diese Zauberkünste sind doch nur die eine Hälfte der Wirksamkeit der Taterweiber. Ebenso auffallend ist die List, mit der sie sich Vertrauen zu verschaffen wissen, wenn sie sich anbieten mit ihrer Prophetengabe „paavipà" zu dienen, und hier sind es nicht allein die Frauen der niederen Schichten des Volkes, die sich in Beziehungen zu der sonst so gemiedenen Raçe setzen. Freilich geben sie vor nicht allein den Mädchen voraussagen zu können, welchen Geliebten ihnen das Schicksal zugedacht hat, sondern auch mit einem „muskro summipà" (Mund-Zauber) in den Gang der Dinge eingreifen und dadurch die Bestimmungen des Schicksals verändern und in Uebereinstimmung mit den Wünschen der Betreffenden bringen zu können.

Ein charakteristischer Zug aus dem Leben dieser fremden Horden, der von je her dem Norweger aufgefallen und noch heut seine Verwunderung erregt, ist der geringe Widerwillen vor einer Beschäftigung mit todtem Vieh. Einem todten Thiere die Haut abzuziehen, gilt thörichter und unbegreiflicherweise noch heutigen Tages in manchen dortigen Distrikten für eine unehrliche und schändende Arbeit. Daher erregte es vor wenigen Jahren, wie der Betreffende es Eilert Sundt selbst verbürgte, in Romsdalen bei einem Bauer ein grosses Staunen, dass einige zufällig als Reisende auf dem Hofe ankommende Tater sich freiwillig erboten, den Dienstleuten das unwillkommene Geschäft abzunehmen. Es handelte sich hier allerdings nicht um ein gefallenes Stück Vieh, vielmehr um ein gutes, junges Pferd, welches der Bauer, da es sich bei einem unglücklichen Sprunge einen Beinbruch zugezogen hatte, tödten lassen musste. Ein Theil der für die Arbeit ausbedungenen Belohnung der Tater bestand aus einer Flasche Brandtwein; nachdem die Arbeit geschehen, schnitten dieselben aus dem geschlachteten Pferde das beste Stück heraus, errichteten sich auf dem Felde einen Scheiterhaufen, brieten das Fleisch an seinem Feuer, assen und tranken und versetzten sich bei dieser, den versammelten Bauern verabscheuungswürdigen Mahlzeit in die äusserste Lustigkeit. Der halbbetrunkene Führer trat endlich vor, dankte dem Bauer für die bewiesene Güte und schloss seinen langen geschwätzigen Vortrag mit dem Absingen einiger Phrasen in einer fremden Sprache. Auf die Frage, was er damit meine, erklärte er in seiner Lustigkeit unumwunden, dass er wünschte, der

Bauer möge das nächstemal, wenn er wieder auf seinen Hof
käme, einen ebenso fetten und guten Hengst zu schlachten
haben. Wie hier der Widerwille und Abscheu ungerechtfertigt
ist und nur auf Vorurtheil basirt, so scheinen, nach Aussagen
Larsens und anderen bestätigenden Tatergeständnissen, die
Behauptungen, dass die Tater das Aas der verreckten
Thiere nicht nur ässen, sondern sogar liebten, auf ein Miss-
verständniss zurückzuführen, welches sich die eigennutzige
Schlauheit derselben gefallen liess und zu seinem Nutzen
verwendete. Häufig wandten sie nämlich auf ihren Reisen
den „drabbeske summipà" (Giftzauber) an, welcher Pfiff darin
bestand, dass sich ein Taterweib vorsichtig in der Nacht
auf einen Hof stahl und einem Schweine etwas Gift (drabb).
beibrachte, von dem es augenblicklich sterben musste, ohne
dass dadurch das Fleisch ungeniessbar wurde, weil es nach
Larsens eigenem Ausdrucke „nur in das Gehirn und nicht in
Herz und Blut drang". Am anderen Morgen kam die Horde,
wie zufällig, auf denselben Hof und erfuhr natürlich bald,
welches Unglück sich in der Nacht zugetragen habe, klagte
dann über ihre grosse Noth und bat ganz dringend darum,
dass man erlauben möchte, den grimmen Hunger an dem
weggeworfenen Körper zu sättigen. Eine solche Bitte wurde
natürlich nie abgeschlagen und häufig gesellte sich zu dem
Erstaunen über ein Elend, das zu so einem äussersten Schritt,
wie den Genuss von Aas, führe, noch das Mitleid, so dass
das schlaue Volk ohne weiteren Aufwand von anderen Ränken noch Brod und anderes Zubehör zu ihrem erschwin-
delten Braten erhielt.

Dass die Tater überhaupt einen grossen Werth auf die
Beschaffung guter Speisen legen, beweist der Umstand, dass sie
auf die verschiedensten Weisen, mit listigen, ehrlichen oder
unehrlichen Mitteln gerade danach streben, solche zu erlangen.
Ja sie scheuen hierbei sogar nicht offene Gewalt und Raub,
zu dem sie doch sonst selten greifen. Gern stehlen sie,

wenn sie sich einmal etwas Besonderes zu Gute thun wollen, ein fettes Schaaf vom Felde weg, welches sie dann auf ordentliche und kunstgerechte Weise schlachten, wobei sie das Blut abfliessen lassen, die Eingeweide herausnehmen und es dann ganz und gar in heisse Asche, auf der wieder ein Feuer angezündet wird, vergraben. Die Haut mit der Wolle darauf verkohlt dann und bildet eine feste Rinde, unter welcher das Fleisch in seinem eigenen Fette gebraten wird. Ein Gespräch mit einem Tater über dieses Gericht — welches, nach Wegnahme der Rinde, die ganze nächstliegende Gegend mit dem appetitlichsten Dampf erfüllen und magnetisch alle Genossen und Raçeglieder herbeiführen soll — verfehlt nie, denselben zu einer erhöhten Lebendigkeit anzuregen und ihm sein beschwerliches Wanderleben in schönerem Lichte und Glanze erscheinen zu lassen. Eine Stammmutter, die alle Untugenden ihres Geschlechtes in sich vereinte, entschuldigte, nachdem sie auf einem Bauernhofe alle ihre Bettelkünste vergeblich versucht, den Raub eines Schaafes, dem verständigen und braven Hofbesitzer gegenüber, mit einer Art Geständniss unter erheuchelter Reue, konnte sich aber dabei nicht enthalten, mit ihrer wahren Herzensmeinung und dem leitenden Grundsatze aller Rommani-Mütter zu schliessen: „Devel har tji dela mander pu at kjera pre; saa maa mander kjera med möien for at le kaben til tjavoane meros". (Gott hat mir keine Erde gegeben, um darauf zu arbeiten, so muss ich mit dem Munde arbeiten, um Speise für meine Kinder zu bekommen.)

Das verschmolzene Vagabondenvolk.

In dem Vorhergehenden wurden vorzugsweise Züge mitgetheilt, die der Vergangenheit und der Geschichte der Fanten angehören, wenn schon dieselben bis in unsere Tage hineinreichen; es bleibt nun nur noch wenig hinzuzufügen, um zu zeigen, dass sowohl das schnellere oder langsamere Aufgeben der abgeschlossenen Kasteneigenthümlichkeiten, als auch das Zusammenschmelzen der beiden Raçen, unter sich oder mit dem, neben ihnen die Landstrassen belebenden Ausschuss des civilisirten Volkes, die Ursachen des noch grösseren Elendes sind, welches für das gesammte Fantenvolk den Unterschied zwischen dem Sonst und dem Jetzt bildet. Mit der Aufgabe des Stammhasses, den die veränderten Verhältnisse des Landes, die mildere Gesetzgebung und die gemeinsame Haft herbeiführte, ging jene Art Ehrgefühl, welches selbst in diesem, im Verhältniss zu den andern im norwegischen Lande lebenden Menschen, gänzlich ehrlosem Kreise herrschte, verloren; keine der beiden Parteien blieb sich des vermeintlichen Vorzugs vor der anderen und der vermeintlichen Ursache, sie verachten zu dürfen, unerschütterlich bewusst; sie schlossen, durch die unfreiwillige Kameradschaft gezwungen, Frieden und duldeten sich anfangs stillschweigend, bis sie endlich sogar begannen, gemeinsame Sache zu machen. Eigenthümlich ist es auch hierin wieder hervorgetreten, dass sich beide Stämme gewissermassen als Nationalitäten betrachteten und, gleich paktirenden

Staaten, Land, Leute und Vieh unter sich theilten und zwar derartig, dass die Tater im Binnenlande hausen, die Sköier sich aber längs der Küsten hin und her verbreiten sollten. In den friedlichen und ruhigen Tagen, welche darauf aus dieser Einigung entsprangen, verfielen die guten alten Bräuche und die hergebrachte Ordnung, indem die Sköier als Pferdebursche zu den Tatern in die Lehre gingen und diese sich mit den Sköierdirnen verbanden. Wird aber nun der Mann einer solchen gemischten Verbindung, durch Gefangenschaft etwa, auf längere Zeit seinem Weibe entzogen, so dass die Liebste allein und frei auf dem Pflaster umherstreichen muss, dann überwinden die Beschwerlichkeiten ihres verlassenen Zustandes leicht ihre Standhaftigkeit und sie wirft sich in die Arme eines oder des anderen Fanten, den sie auf der Landstrasse findet. Diese Verbindung dauert nun, bis der neue Mann entweder auf dieselbe Art weggenommen wird oder bis der ältere Herr wieder auf freien Fuss kommt und sein früheres Recht durch einen Sieg in blutiger Schlägerei zurückerobert. So trifft man denn jetzt manche Taterweiber, denen ein Kind mit schwarzem Haar und Auge, als Pfand der Treue, dann eines mit blonden Locken und blauäugig, und wieder eins mit dunklem Teint und schwarzem Haare folgt.

In solcher Gemeinschaft sich schaamlos dem sittenlosesten Leben — oft bis zur Vielweiberei (wenn man die gleichzeitigen Concubinatsverhältnisse damit bezeichnen darf) und selbst der Blutschande — überlassend, zieht das Gesindel als allgemeines Aergerniss umher, vorzugsweise das einfältigere und geringere Landvolk heimsuchend, das, durch die eigne Armuth niedergedrückt, nicht denjenigen Mannesmuth und diejenige genügende Stärke besitzt, die der reiche Bauer durch das Bewusstsein seiner im Eigenthume wurzelnden Kraft und Macht fühlt und die ihn einfach die ruchlosen, wilden Gäste fortjagen lassen. Mit dem Schwinden der Einfalt und des Aberglaubens der früheren Tage versagen auch die Kniffe uud Künste des wandelnden Geschlechtes mehr und mehr, sie können nicht ferner so unbemerkt und geräuschlos umherschleichen und mit süssen Worten und guten Versprechungen, durch Zauberkünste und Prophetengaben sich ihre Bedürfnisse bis zum Ueberflusse verschaffen; sie müssen sich desshalb kecker herauswagen und sich Alles mit Drohungen und Gewalt erzwingen, wodurch sie jetzt oft zu Räubern und Mördern gestempelt werden.

Abgesehen von grösseren Reisen, hinüber nach Schweden, dem schwedischen Lapplande und selbst Russland, herrscht eine gewisse Regelmässigkeit in den Fantenzügen, worüber namentlich die Fährleute der nordischen Fjorde vollwichtiges Zeugniss ablegen können; weshalb die Landleute die Reisen dieses Volkes gewöhnlich mit den Zügen der Zugvögel vergleichen, die nach gewissen Naturgesetzen kommen und verschwinden. So ziehen bestimmte Horden, als „Ostwanderer" bekannt, im Stifte Akershus von Kongsvinger nach Skien, und bis nach Bergen hinab streifen wieder andere, die „Westwanderer", umher. Am strengsten haben jedoch die Fanten im Throndhjemschen ihre alte Oekonomie aufrecht erhalten können. Am Schlusse der Winterjahreszeit kommen hier die „Grosswanderer" zu Wagen aus den Thälern herauf nach den Haupthöfen und Landorten am Meeresstrande; hier stellen sie ihre Pferde bei Freunden ein, nehmen sich Boote und ziehen so in den Fjorden, von Romsdalen ab, hin und her, zuweilen bis ganz nach Finnmarken hinauf; im Herbste kommen sie gutbeladen zurück, haben Wolle, um ganze Wagen damit zu belasten, Eiderdaunen zu vielen Pfunden nebst anderen guten Dingen, und fahren dann wieder mit ihren eignen Pferden und Schlitten grosssprecherisch hinein in die Thäler zu beiden Seiten des Dovre und Kjölen. Ab und zu bringt auch wohl eine oder die andere Horde den ganzen Sommer im Binnenlande zu, dann aber in der Regel im Hochgebirge, in der Nähe fischreicher Gewässer und fetter Säterwiesen. Sie sollen sich dabei als merkwürdig glückliche Fischer zeigen und es verstehen, sich von den Sätermädchen ihren reichlichen Tribut zollen zu lassen. Kaum ein kleines Thal oder einen schmalen Fjordarm giebt es in dieser Gegend, der so verborgen läge, dass er nicht mehr oder weniger regelmässig einen Besuch von diesen ungern gesehenen Gästen bekäme. Am Bedenklichsten aber ist es, dass sie geflissentlich ihre Fahrten so einrichten: immer in die Hütten zu kommen, wenn die Männer auf dem Fischfange draussen auf der See liegen und nur Frauen und Kinder am Heerde zu treffen sind. Dann hausen sie oft wie der Feind im Lande und wissen dabei die Besonderheit der norwegischen Rechtsverhältnisse, die sie genau kennen, für sich auszunutzen. So hüten sie sich geflissentlich vor jeder körperlichen Verletzung eines nicht zu ihnen gehörenden Menschen, da dies ein Justizverbrechen, welches eine öffentliche Anklage herbeiführen kann, ist, während die Störung des Hausfriedens, Betteln mit Androhung von Gewalt und selbst Anwendung dieser mit Zerstörung des fremden Eigenthums, eine Privatangelegenheit zwischen dem Eigenthümer und dem Veranlasser des Schadens bleibt, in welcher jener, wenn er das Recht des Hinauswerfens nicht übte, versuchen mag, wie er diesen zu einer Geldentschädigung heranziehen kann.

Nicht selten ereignet es sich jetzt, dass eine kleine Horde oder einzelne Mitglieder einer solchen, gedrückt von dem Uebermaasse ihres Elendes, — man findet nämlich eine unverhältnissmässig grosse Zahl Blinder, Taubstummer, Krüppel, Epileptischer und geistig Gestörter unter den Fanten — sich eine Art festen Aufenthaltes gründet, d. h. nur in einem kleinen abgegrenzten Kreise umherstrolcht. Dann lässt gar leicht die gesittete niedere Bevölkerung im Anblick des schreienden Unglücks ihren gerechten Unwillen fahren, giebt die Verachtung auf und gönnt milde werkthätigem Mitleide an seiner Stelle Raum. So lebt in Oesterdalen der Rest einer kleinen Horde, bestehend aus: kranker alter Mutter, einer hinsiechenden Tochter und einem erwachsenen, dermassen elend verkrüppelten Sohne, dass die Schwester ihn tragen muss. Sowohl diese Familie, als auch in einem anderen Kirchspiele ein greiser Fant — den das Alter erst in einen kleinen Bezirk gebannt, dann aber so gebrochen halte, dass er sein Gewohnheitsrecht, sich von Haus zu Haus zur Durchfütterung zu begeben, nicht mehr selbstständig üben konnte — wurden von der Gutmüthigkeit der Distriktsbewohner auf einem, meist eigens dazu angespannten Gefährte tageweise von Hof zu Hof geführt. Letzterer konnte daher leicht die ihm gestellte Frage: „Wo gehörst Du eigentlich hin?" mit höhnischem Grinsen beantworten: „Ach was, wo das Essen auf dem Tische steht". — Im Solöer Walde wird eine alte Fantin, der ihre kleine Horde weggestorben, in Ausübung eines Verjährungsrechtes und da im Finnenwalde keine Gelegenheit ist gefahren zu werden, ihrer Schwäche halber auf beschwerlichen Gebirgspfaden bei Wetter und Wind von mitgesendeten jungen Leuten von Tag zu Tag begleitet, um zu verhindern, dass sie in Abgründe oder Schluchten stürze, und um ihr bei ihrer Gebrechlichkeit über die Felsblöcke und durch die Sümpfe und Moräste wegzuhelfen.

Eine derartige Gewöhnung und fast an das Lächerliche streifende Toleranz gegen das, die Allgemeinheit doch so ungemein belästigende Fantenthum macht es denn auch erklärlich, wie dies Nationalübel — das seine Wurzel keineswegs in unabwendlichen Naturursachen hat, sondern der Unvollkommenheit der ganzen Gesellschaftseinrichtungen entsprang — sich fortdauernd in gleicher Stärke entwickelt. Bei der Volkszählung von 1845, in welchem Jahre, wie erwähnt, zuerst die Aufmerksamkeit der Zähler auf das Fantenthum gerichtet wurde, ergab sich die Zahl von 1145 Personen, die nach den, damals allerdings noch nicht geregelten Grundsätzen dazu gezählt wurden und deren Zahl unbedingt eher zu klein als zu gross bemessen wurde. Aehnlich stellte sich das Resultat der späteren Zählungen heraus und 1865 ergab sich die Zahl von 1480 Tatern und Sköiern und sonstigen landstreichenden Personen. Fast die Hälfte derselben, nämlich 698, hatte nie eine bleibende Heimath gehabt, war auf dem Fantenpfade geboren und folgte ihm unablässig, während der übrige Theil doch Haus und Heimath kannte und entweder nur einen grösseren oder kleineren Theil des Jahres herumstreifte oder, ganz das wandernde Leben aufgebend, durch Alter oder Krankheit in den Armenversorgungsanstalten Aufnahme gefunden hatte, oder endlich sich als Material der Besserungsversuche besonderer Aufmerksamkeit und Pflege erfreute. Von diesen Versuchen, die Fanten von ihrer Wanderlust zu heilen und zu geregeltem Leben zu führen, — die mit Mitteln, welche der Storthing bewilligte, auf die liebevollste Weise dadurch gemacht wurden: dass man entweder Kinder den Aeltern nahm und, in fremder Umgebung, Anstalten oder ehrlichen Landleuten, Beamten und Geistlichen zur Erziehung gab; oder den Aeltern selbst Mittel zu diesem Zwecke zuwendete; oder aber sich der erwachsenen ledigen Burschen und Mädchen annahm und sie in gute Stellen brachte; oder endlich sich der Fürsorge für ganze Familien und Ehepaare unterzog und sie ungetrennt liess, die Altersschwachen und Unheilbaren selbstverständlich besonders berücksichtigend — pflegt im Durchschnitt nur der achte Theil so auszuschlagen, dass man den Trost hat, in diesen Fällen sei dauernd geholfen; während auf der anderen Seite reichlich der vierte Theil der in Obhut Genommenen sich freiwillig der fremden Hülfe und Sorge entzieht und zu dem Elend des Fantenlebens zurückkehrt; der Rest aber, zu schwach zur Tugend, wie zum Laster, sich nur in soweit ändert und bessert, um mit Sicherheit im Genusse der ferneren Unterstützung und Versorgung zu bleiben.

Ausser durch die Fortpflanzung von Geschlecht zu Geschlecht, wirkt aber auch das Fantenthum mit bedenklicher Macht wie eine ansteckende Seuche nach Aussen. Mehr als einmal haben namentlich Sköierdirnen Einzelne geradezu verlockt, sich in ihre Gemeinschaft zu begeben; Andere haben wieder von selbst in der Genossenschaft dieser Landstreicher den Trost und die Hülfe gesucht, die sie sich in der besseren Gesellschaft verscherzt hatten. Es liegt ganz unleugbar ein gewisser Zauber über dem geheimnissvollen, herumstreifenden Leben und hat dieser Viele verführt, gleich dem Irrlichte, welches mit seinem falschen Scheine den Wanderer in den bodenlosen Sumpf lockt. Die Fanten selbst erzählen häufig, dass sich Predigertöchter dermassen in schöne Sköierbursche verliebten, dass sie mit ihnen vom Heerd der Aeltern flohen und sich willig der Horde einverleibten. Die Quenshorde, eine der bedeutendsten der Gegend von Romerike, verdankt einem schönen kräftigen Bauerssohne — der sich als Soldat in eine Tochter der „Steffenshorde", einer der ältesten des Landes, derart verliebte, dass er seine Dienstpflicht und sein Eigenthumsrecht vergass und ihr durch Wälder und Einöden der verschiedensten Distrikte nachzog — ihren Ursprung; auch die Valdershorde hat eine Stammmutter „Ola vom Dorfe", die nur ein romantisches Verhältniss aus guter Lage in das Fantenthum zog, in welchem sie, bald naturalisirt, eine Menge ächter Fanten gebar. Aber nicht die Liebe allein ist der hierzu treibende Beweggrund. So steht das Faktum beglaubigt fest, dass noch kürzlich in Birkrin, Annex des Kirchspieles Helleland im Stifte Christianesand, eine höchst besonnene und ehrbare Bauersfrau willenlos von den geheimen Mächten des Fantenthums bestrickt wurde. Sie hatte eine, sie bettelnd belästigende Horde mit gerechtem Unwillen und bösen Worten fortgewiesen; einer der Unverschämtesten hatte im Weggehen, nach dem Aussprechen mystischer Worte, höhnend geäussert, dass es nicht lange dauern solle, so würde sich ihr eben kundgegebener Zorn gegen das Fantenleben in heisse Liebe zu demselben verwandeln. Furcht und Aberglauben liessen die arme Frau sich stets derselben Worte erinnern und über deren Sinn nachgrübeln, bis ihr Geist so unruhig wurde, dass sie endlich ihren Mann, Kind und Heerd verliess und thatsächlich die Horde aufsuchte, von der sie zu fühlen behauptete, dass dieselbe jetzt ihre Seele in der Gewalt hätte. Erst später und mit vieler Mühe und Sorge wurde sie dahin gebracht, ihren alten Platz wieder einzunehmen.

Ein weiteres Feld, auf dem sich der Nachwuchs der Fanten findet, ist die mit Trägheit und Lieblosigkeit gepaarte Armuth der Landstädte und Dörfer, die ihre Kinder wild und unthätig aufwachsen lässt, um durch Betteln, das Oeffnen von Strassen- und Wald-gattern u. s. w. sich den Lebensunterhalt zu verdienen. Nicht selten findet man Landstreicher, die als Kinder, selbstständig und losgelöst von Heimath und Familie, einer Horde nachliefen und sich ihr gesellten.

Neben diesen ächten und naturalisirten Fanten der bereits geschilderten Klassen giebt es aber nun auch noch eine bunte Mannigfaltigkeit sich im Lande bewegender Gruppen von Herumtreibern, die, wenn auch scheinbar einem Erwerbe nachgehend, mehr oder weniger Tagediebe sind, da ihre ganze Lebensweise sie leicht von den Sitten eines ansässigen und arbeitsamen Daseins zu den Verwilderungen einer Wanderexistenz fortführt. So werden mit kastenartiger Abgeschlossenheit die niedrigen Erwerbszweige der Korbflechterei, Besenbinderei, der Tassenschneiderei (d. h. des Drechselns ganz einfacher, hölzerner Schaalen), und des Lumpensammelns, von ganzen Familien und von Generation zu Generation, wandernd betrieben. Eine der grössten Sonderbarkeiten norwegischer Sitte ist hierbei, dass, während alle diese Gewerbe durch die Beschaffenheit ihrer Handhabung zu der

Verbrüderung mit den Fanten führen, eine so nützliche und nothwendige Handthierung, wie die der Reinigung der Schornsteine, als unrein und unehrlich angesehen wurde und wird. Die Verachtung, mit der die armen Essenkehrer betrachtet wurden, die höhnenden Urtheile und der Widerwillen, denen sie sich stets ausgesetzt sahen, gingen natürlich schliesslich in ihr eigenes Bewustsein über, und schlossen die Familien, in denen das Gewerbe sich vererbte, noch schroffer als andere Gewerbskasten ab. Da selbst der liederlichste Fant noch mit stolzer Selbstbefriedigung und achselzuckendem Hohne mit dem Finger auf sie deutet und sagt: „Es sind nur Schornsteinfeger aus Hedemarken," — wo der höhere Wohlstand des Volkes durch Aufführung grosser, mehrstöckiger Gebäude sie nöthiger und daher häufiger macht, als anderswo — so ziehen sie sich ganz auf sich selber zurück und fallen — von ihren Frauen und Kindern auf ihren Arbeitszügen begleitet und überall ein Gegenstand der Furcht der kleinen Kinder und der Verachtung der Erwachsenen — selbstverständlich leicht der Bitterkeit und dem Hasse anheim, die dann zu Trunksucht, Ausschweifungen und Excessen führen.

In grosser Zahl treten auch die „fechtenden Handwerksburschen" auf, die das Landvolk mit dem deutschen Worte „Gesellen" bezeichnet und von den Fanten in ihrer Anschauung scharf absondert, wennschon sie eigentlich nichts Anderes sind, da sie nicht Arbeit suchen, sondern die Bettelwanderungen als Nahrungsweg ergriffen haben. Es sind viele Ausländer, selbstverständlich in erster Reihe Schweden, nächstdem aber auch Deutsche, darunter, und repräsentiren sie jedes denkbare Gewerk. In ihrer äusseren Unterscheidung sondern sie sich leicht erkennbar vom Fantenthum ab, da der lange Rock, der Ränzel und Wanderstab das nothwendige Requisit der übernommenen Rolle sind. Neben ihnen her wandern auf den grossen Strassen des Landes — ebenfalls in gleichmässiger Tracht, welche sich kennzeichnet durch runde Jacke oder Pijäck, Segeltuchhose, Seemannshut und einem, statt des Ränzels aus einem bunten Taschentuche gebildeten Beutel, stets an einem Stocke über der Schulter getragen — abgelohnte Matrosen, vorzugsweise schwedischer Nation, und endlich entlassene Soldaten der kleinen norwegischen stehenden Truppe, die sich auch von den Handwerkern durch den mangelnden Ränzel und den ihn ersetzenden Taschentuchbeutel unterscheiden lassen. Wieder eine andere, dem Fantenthum verwandte Branche von Reisenden bilden die, mit der Bezeichnung „kunstmässige Kommödianten" von dem Landvolke geehrten Gaukler, die durch das ganze Land ziehen und für ein oder wenige Schillinge Herkules-Künste und Jongleurstücke aufführen, Vorstellungen in der grossen und schwarzen Magie geben, Kosmoramen zeigen und, alle Thäler heimsuchend, die Jugend belustigen, auch oft genug das reifere Alter durch ihr Gaukelspiel in Verwirrung setzen. Ihnen sind in neuester Zeit eine grössere Anzahl deutscher Leiermänner und selbst junge und alte Italiener, meist Lombarden und Genueser, mit Zithern und Meerkatzen und anderen kleinen Thieren zuzufügen. Mehr als diese alle, fordert aber das Mitleid heraus und erregt die theilnehmende Wehmuth des gutherzigen niederen Volkes die grosse Menge von Blinden und Taubstummen, welche arbeitsunfähig, weil unversorgt und unausgebildet, neben den eigentlichen Fanten einherschreiten und, mit mehr Recht als diese, zur Linderung ihres harten Geschickes einen nicht unbeträchtlichen Bruchtheil des öffentlichen und privaten Vermögens in Anspruch nehmen. Herzzerreissend ist ebenfalls noch der Anblick einer übergrossen Zahl Geistesgestörter im ganzen Norwegen; überall finden sich Schwachsinnige und alle Stufen des Wahnwitzes bis zur Raserei — traurige Zeugen der kargen Natur und des barschen Klimas, welche so oft sowohl die körperliche, als auch die geistige Kraft des Menschen brechen — in dem nordischen Gebirgslande. Viele von den nur halbwärrischen Menschen haben jedoch noch hinreichenden Verstand sich närrischer anzustellen, als sie es wirklich sind, und benutzen ihr entsetzliches Unglück dazu sich, ihres Unterhaltes und materieller Genüsse halber, zu Sündenböcken und Zielscheiben des rohen Witzes und der Belustigungen Anderer, des ansässigen Landvolkes sowohl, als auch oft der ächten Fanten, in deren Begleitung sie ziehen, zu machen. Sie wissen es sehr wohl, dass man über sie lacht, ihnen zu essen und zu trinken, auch wohl gelegentliches Obdach giebt und sie ruhig weiterziehen lässt, und machen sie so einzelne Bezirke und Stifte, ja selbst das ganze weite Reich zu ihrer Versorgungsanstalt.

Noch eine eigenthümliche, höchst sonderbare Erscheinung, von der es jedoch nicht zu sagen, ob sie direkt dem Fantenthume entsprossen ist oder ob sie neben demselben entstand und nur durch eine gewisse Verwandtschaft Eingang in dasselbe fand, ist die Bildung einer eigenen Sekte von Schwärmern, ebensowohl Männer, als Frauen, die, neben ganz gewöhnlichen Fantenstreichen ein besonderes Unwesen treibend, meist wie ächte Fanten sich ganz heimathlos im Lande umhertreiben. Sie umgeben sich mit einer schwärmerischen Heiligkeit und erschrecken und berücken das frommgesinnte, niedere Landvolk mit einem seltsamen Galimathias von verdrehten Quäkerlehren und selbsterfundenen Gesichten und Offenbarungen. Fragt man sie nach ihrem Namen, ihrer Herkunft, ihrem Zweck oder dergleichen, so antworten sie stets: dass sie von Gott seien, Gottes Kinder hiessen, bei Gott zu Hause seien, zu Gott gingen und dergleichen mehr. Von Gott behaupten sie den Auftrag zu haben, im Lande rastlos umherzuziehen, die Rückkehr zum Guten zu predigen und das Gericht zu verkünden. Alles was zum Beamtenthum der Kirche und Schule gehört, erklären sie für Kinder des Satans, das äussere Kirchenwesen, die Sakramente und das geschriebene Wort verspotten sie als Werke des Teufels. Was sie aber vorzugsweise dem Typus der ächten Fanten nähert, ist das Verwerfen jeder körperlichen Arbeit, die sie als That des Fleisches von sich weisen müssten, da dieslbe der Sünde direkt dienstbar mache. Zum Beweise dieser Sätze führen sie eine reichliche Menge von, allerdings oft arg verdrehten und entstellten Bibelsprüchen an, die sie jedoch nicht aus der Schrift, sondern durch unmittelbare Eingebung Gottes erhalten haben wollen. Oftpredigen sie mit schlagender Kraft und eindringlicher Weise in höchst eigenthümlicher Art, nämlich: ihre Augenlider fest zusammenpressend, heisse Zährenströme vergiessend, nicht selten unter konvulsivischen Zuckungen, und ihre Worte mit unaufhaltsam fliessender Zunge und einem seltsamen, ganz ungewöhnlichen, nur ihnen eigenen Klange hervorstossend. Wo man ihrer auch im Lande antrifft, sind sie überaus gleichmässig in ihrem ganzen Wesen und Benehmen, was deutlich einen gemeinschaftlichen Ausgangspunkt und gewissen gegenseitigen Zusammenhang beweist. Ob wirklich Schwärmer und einer Ueberzeugung angehörend, ob als bewusste Betrüger einem selbstsüchtigen Zwecke folgend, jedenfalls verbreiten diese Kinder Gottes, auf ihren beständigen Predigttouren durch das ganze norwegische Land hin und her, mit ihrer wunderbaren Mischung von Halbwahrheiten und verderblichen, unsinnigen Lehren in weite Kreise ein Gift, welches, wirkend, dem Fantenthume zu Gute kommt. Ihr Treiben setzt um so mehr die Obrigkeit in Verwirrung und Verlegenheit, als sie mit Standhaftigkeit und ekstatischer Entsagung allen Einwendungen, Drohungen, Verlockungen und selbst harten Strafen und äusseren Schmerzen einen so unüberwindlichen Widerstand entgegensetzen, dass man fast an eine feste Ueberzeugung und frohe Entzückung über ein Märtyrerthum, oder auch an eine stärkende Beherrschung durch fixe Ideeen glauben möchte.

Dies wäre so ziemlich erschöpfend das bunte Bild wiedergegeben, welches Eilert Sundt in dem Gewühle der Märkte, auf den grossen Landstrassen, den versteckten Waldwegen, in den friedlichen, fruchtbaren Thälern und den wilden Felswüsten Norwegens fand und mit Eifer durchforschte, um dem darin entdeckten Elende Abhilfe zu schaffen. Gewiss war es überraschend, den braunen Kindern des fernen Südens dort zu begegnen, nicht minder überraschend aber, auf so eigenthümlich verwilderte Kinder des Landes zu stossen, wie es ihm mehrfach geschah. Welches Erstaunen erregt nicht verdienterweise die Thatsache, dass vor wenigen Jahren eine kleine Sköierhorde, die wegen Umhertreibens und Müssigganges eine längere Haft bei Wasser und Brod zu erdulden gehabt, im Spätherbste das Gefängniss zu Lesja verliess, um über die Bergpfade nach Sundalen im Stifte Throndhjem zu wandern; auf welchem Wege, der eigentlich nur in der höchsten Sommerzeit zu begehen, im Unwetter eines der Weiber vor Ermattung umsank und starb, und zwar mit einem Zwangspasse, um im Stifte Throndhjem, ihrer Heimath, die Taufe und den ersten christlichen Unterricht zu empfangen, in der Tasche. Kaum weniger wunderbar, als dieser Tod einer wahren, eingeborenen Heidin inmitten des christlichen Landes, war die Auffindung eines Mannes mit zottigen Haaren, starkem rothem Barte, einem unmenschlich grossen Munde und kräftigem, knochigem Körperbau, der seit vielen Jahren in einer vollkommen menschenleeren Gebirgswüste eine Höhle am Fämundsee bewohnte und, ein wahrer Troglodyt, vom Fischfange und gelegentlicher Bettelei lebte.

Um sich einen Begriff von der Grösse der Belästigung zu machen, welche nicht die Noth, die mit Berechtigung sich der Mildthätigkeit zu Füssen legt, sondern der Müssiggang, die Thorheit und das Laster, der Neid, die Missgunst und die Unverschämtheit dem Fleisse und der Ordnung dadurch auferlegen, dass sie sich bittend und fordernd in den gesitteten Kreis eindrängen, liess Eilert Sundt in verschiedenen

Pfarrhöfen bei Vinger und Christiania, und in Birid — einem der hervorragendsten altnorwegischen Herrensitze am Mjösen See, wenige hundert Schritte von der grossen Strasse, welche die Fanten gern von Nord nach Süden und von Süden nach Norden durchziehen — nach einem gegebenen Schema Listen über die einsprechenden Herumtreiberklassen, Männer und Weiber, Junge und Alte, wie sie in dieser Darstellung geschildert, ausfüllen. Es ergab sich hierbei, dass von ausserdistriktlichen Bettlern, mit überraschender Uebereinstimmung in den verschiedenen Bezirken, durchschnittlich sich täglich Einer einfand. Meist waren dies einzelne Personen des losen Fantenthums, wenn wir uns dieses Ausdruckes bedienen dürfen, indem die eigentlichen Sköier und namentlich die Tater, die noch in Horden ziehen, sich am Liebsten in den ärmeren und volksleeren Districten halten und so der Aufnahme in diese Listen entgingen.

Also täglich mindestens einmal muss der Kettenhund aus seiner Hütte fahren, um diese, ihm mit grossem Rechte verdächtigen, oft zerlumpt und elend aussehenden Fremden anzubellen; tagtäglich muss die Hausfrau Speise für sie bereiten und, des Anscheins halber, auf ihre in Heuchelei herausgestammelten Dankesworte hören, um, wenn sie endlich gehen, scharf nachzusehen, ob sie nicht noch Etwas gestohlen haben, ehe sie sich auf den Weg machten.

Die Waldfinnen und die Bettellappen.

Ausser den beiden, in den früheren Abschnitten behandelten Landstreicherkasten theilt noch ein dritter Bruchtheil der Bevölkerung des Landes den ziemlich allgemeinen Hass, die sich überhebende Verachtung und die Verfolgung des normännischen Blutes, soweit nicht wirkliche Gesittung und Bildung oder abergläubische Furcht den feindlichen Anregungen dieser Leidenschaften Schranken setzen. Es sind dies die Reste jenes interessanten, uralten Volkes, das, als einer der vier Hauptzweige des altaischen Völker- und Sprachstammes, culturtragend sich vom Altai über den Ural bis zum weissen Meere hinauf, in vielfachem Verkehr und Berührung mit den historischen Völkern der alten Erde, verfolgen lässt. Um die Zeit der Geburt Christi, dem Andrange gothischer Christen nach Nordwest ausweichend, vertauschte es seine ursprünglichen Sitze am kaspischen Meere mit der Gegend im West des Urals und an der Wolga, um zur Zeit des allgemeinen Völkergewühles im vierten Jahrhundert noch weiter und zwar bis in die nordwestlichste Ecke Europas verdrängt zu werden. Ein friedliches Geschlecht herumschweifender Nomaden konnte es hier in einem Polarlande, wennschon dem mildesten derselben, unter dem eisernen Scepter einer in Eis und Schnee erstarrenden Natur nicht leicht mit dem Ackerbau vertraut und in feste Wohnsitze gesammelt werden, so dass nicht einmal seine einzelnen Stämme durch gegenseitigen, unmittelbaren Verkehr eng und fest verbunden wurden. Daher wurden diese bald eine Beute verschiedener Völker, welche sie anfänglich besiegten und knechteten. Norweger, Schweden und Russen, ihnen folgend und von Süd und Ost her in ihre Sitze einbrechend, wussten bald die Rollen so zu vertauschen, dass von einem Tributrechte des finnischen Volkes nicht mehr die Rede war, vielmehr, wechselnd, dieses Jenen dienstbar wurde. Ein unter ihnen selbst aufrecht erhaltener Stammesunterschied, wennschon er nicht zu augenfällig hervortritt, ist doch der scharfen Beobachtung des norwegischen Volkes nicht entgangen, aber dennoch nicht hinreichend genug beachtet, um nicht zwei verschiedene Zweige desselben Volksastes, erstens die als Nomaden vor den Norwegern im Lande heimischen Lappen oder Same (auch Samelads, wie sie sich selbst nennen, da Lappe ihnen als Schimpfwort gilt) zweitens die Kväner oder eigentlichen Finnen mit dem gemeinsamen Namen „Finnen" zu bezeichnen und gleichem ungerechtem Urtheile zu unterwerfen. Letztere sind übrigens nicht als Ureinwohner anzusehen, sondern entschieden eingewanderte Kolonisten aus dem ehemaligen schwedischen, jetzt russischen Grossfürstenthum Finnland. Der Hass, der alles „Finnische" trifft, ist wohl kaum glaublicher Weise darauf zurückzuführen, dass in dem „Labbelensk" (dem elenden Sköier-Kauderwelsch) sich verschiedene Wörter vorfinden, die ganz unzweifelhaft, wenn auch allerdings in einer verdorbenen Form, aus der um ihres Wohllauts und ihrer reichen Poesie willen so hochgeschätzten finnischen Sprache entlehnt sind. Wie diese Wörter Eingang in den Jargon der vagabondirenden Verbrecherwelt gefunden, muss unentschieden bleiben. Es ist ebenso leicht möglich, dass diese umherschwärmenden Haufen ihre Wanderungen bis jenseits des bothnischen Busens ausgedehnt haben, wie es ebenso leicht möglich ist, dass von dort herübergekommene Vagabonden zu allen Zeiten sich mit ihnen in den schwedischen und norwegischen Walddistricten vereinigten. Eilert

Sundt erwähnt selbst einiger Individuen unter den Fanten, die ihm den Beweis lieferten, dass sie geläufig finnisch zu reden verstanden, auch behaupteten in „Grossfinnland" geboren zu sein. Aber die norwegischen Landstreicher können auch auf einem viel näheren Punkte auf eine Abtheilung der quänisch redenden Finnen gestossen sein und mögen wohl Einzelne dieser Letzteren durch die Macht unglücklicher Verhältnisse nur zu geneigt gewesen sein, mit den Fanten zu fraternisiren und sich mit ihnen in engste Verbindung zu setzen.

Mitten inne zwischen den norwegischen und schwedischen Districten haben nämlich seit einigen Jahrhunderten eine Anzahl kvänischer Familien ihre Wohnsitze genommen und sich ganz des Nomadisirens entschlagen. Auf einer weitläuftigen, mit dunkelgrünem Nadelwalde bestandenen Bergreihe zwischen dem südlichen Theile des Amtes Hedemarken in Norwegen und Wärmeland in Schweden ist auf beiden Seiten der Reichsgrenze noch heut ein solcher merkwürdiger Ueberrest alter Kolonisation. Auf norwegischer Seite nennen die Nachbaren diese Ansiedelung den „Finnenwald," auf schwedischer nach dem Karakter der Wohnsitze das „Finnenfeld." In den Kroniken finden sich nur spärliche und unvollkommene Nachrichten über diese Kolonie, so dass Zeit und Ursache ihrer Gründung nicht mit Sicherheit zu bestimmen ist. Wo aber alte Schriftsteller derselben erwähnen, wird stets der Unterschied von den, im nördlichen Gebirge herumziehenden Finnen und Lappen hervorgehoben, wie sie auch schon damals die Bezeichnung „Wald- oder Acker- finnen" erhielten. Aber auch schon in jener Zeit tragen alle Berichte über sie eine deutlich zu erkennende Abneigung und Ungunst zur Schau, ohne die harten Urtheile irgendwie zu motiviren und zu belegen. So heisst es in einer Relation über den Zustand des norwegischen Reiches vom Jahre 1699 über dieselben: Sie sind das allerschädlichste Unkraut für das Land, das man irgend wo erwähnen kann — —, denn in Zeiten des Unfriedens sind sie nicht allein die allergrössesten Spione, sondern es muss auch, da sie alle Schleichwege und Stege in den Wäldern kennen, sich jeder einzelne Mensch vor ihren Ueberfällen und Räubereien oder Diebstählen fürchten u. s. w. — Ganz dieselben Untugenden legt ihnen auch Pontoppidan bei; er vergleicht sie mit den Morlaken, dem halbwilden räuberischen Volke in den Gebirgen Dalmatiens, und fügt hinzu, dass sie im Ganzen so erniedrigt seien, dass die Norweger sie auf eine ebenso verächtliche Art behandeln, wie man an anderen Orten nur die lumpigsten Juden behandeln kann. Kraft schildert in seinem im Jahre 1820 herausgegebenen Werke: „Beschreibung von Norwegen" zum erstenmale ausführlicher dieses versprengte Finnenvolk und erwähnt Anzeichen eines, in letzterer Zeit beginnenden sittlichen Aufschwunges, hebt aber dennoch hervor, dass der freundschaftliche Verkehr mit dem norwegischen Volke noch immer ein sehr geringer sei und sich meist darauf beschränke, dass sie zwei bis dreimal in die norwegischen Districte herabkämen, um ihre Handelsgeschäfte zu betreiben und sich darauf einen Rausch zu trinken. Er schreibt ihnen übrigens eine grosse Armuth zu, durch welche sie gezwungen seien, sich durch zum Theil mit Baumrinde versetztes Brod zu ernähren.

Eilert Sundt bereiste — in seinem unermüdlichen Eifer, die Lebensbedingungen und Zustände des gesammten niederen norwegischen Volkes kennen zu lernen und um das Eingreifen, wo solches Noth thue, und die Hülfe der Regierung auf den richtigen Fleck lenken zu können — im Jahre 1848 den Finnenwald in beiden skandinavischen Reichshälften. Zu seiner Ueberraschung fand er ein, seinen Erwartungen vollkommen entgegengesetztes Resultat. Der schwedische oder Solöer Finnenwald liegt in einer schönen Alpengegend und ist im Winter, wenn die Sätern, d. h. die Sennhütten, verlassen sind, durch einen, ein Paar Meilen breiten, menschenleeren Waldstrich von dem norwegischen Districte am Glommen geschieden. Keine Wege führen durch die düstere Einöde, nur ab und zu Spuren von den scharfen Schuhen der Waldfinnen auf den, durch sie vom lockeren Moose entblössten Steinblöcken, und hier und dort Baumstämme als Brücken über reissend dahinströmende Waldbäche oder allzuweiche, unsichere Moräste, legen schwaches Zeugniss ab von einer gewissen Civilisation im Reiche der Finnen. Unmittelbar hinter diesem Striche finden sich die ersten Ansiedelungen am Skadsen See, und wurde hier der fremde Forscher auf seine einfache und klare Aeusserung, dass ihn kein anderer Zweck hergeführt habe, als der, die Finnen zu besuchen und zu sehen, wie ihre Lage beschaffen wäre, statt von einem befürchteten und kaum zu verargenden Misstrauen, von der treuherzigsten Gastfreundschaft und behaglichsten Höflichkeit empfangen, und fand später, von seinem ersten Wirthe weiter empfohlen, dieselbe gastfreie Aufnahme, wo er auch mit den ansässigen Finnen in Berührung trat. Sogleich der erste Eindruck beweist, dass diese Bewohner des Finnenwaldes Fremde geblieben inmitten des norwegischen Volkes. Sie reden unter sich finnisch, können aber alle norwegisch reden, wennschon ältere Leute, namentlich die Frauen und andrerseits wieder die Kinder, wenig auf Gespräche in dieser Sprache eingeübt sind. An ihrer weichen, dialektfreien Aussprache hört man sehr bald, dass das Norwegisch eine erlernte Sprache ist; aber auch ihre Umgangssprache ist ein dialektfreies, ganz reines und unverdorbenes Finnisch.

Auch die häuslichen Einrichtungen zeigen sogleich die Herrschaft fremder Sitte. Die Wohnungen sind überall, selbst inmitten des dunkelsten Tannenwaldes, von Aeckern und Wiesenstücken umgeben, womit sie der Fleiss der Finnen geschmückt, indem letztere die zur Niederlassung ausgesuchten Moore zuerst mit grossen Anstrengungen von Steinen reinigten, mit entwässernden Gräben durchzogen und so in Aecker und Gartenland verwandelten. Fast überall, namentlich aber in den älteren Häusern, besteht die Wohnung aus einem ziemlich grossen Raume, in dessen einer Ecke ein sehr grosser gemauerter Ofen, etwa wie ein Backofen, mit Bänken an den Seiten, die ein besonders warmes Lager darbieten, angebracht ist. Diese Oefen sind auch im Sommer stark geheizt, — eine Nothwendigkeit, wie die Finnen sagen, weil sie nach ihrem häufigen Arbeiten in den Sümpfen oft mit ganz durchnässten Kleidern nach Hause zurückkehren. Der Rauch wird nicht durch einen Schornstein abgeführt, sondern breitet sich in dem oberen Theile des Zimmers aus und sucht schliesslich durch dasjenige der vier Löcher, die an den vier Wänden angebracht sind, zu entweichen, welches er gerade, der Windrichtung entsprechend, geöffnet findet. Die Finnen selbst befinden sich wohl in diesem Rauche und der Wärme, die jedoch dem Ungewohnten sehr bald lästig werden. Neben dieser, den eigentlichen Aufenthalt bildenden Rauchhütte, die aber schon hier und dort der norwegischen Stubenwohnung weichen musste, zeigt sich überall, wo ein Finne heimisch geworden, eine Badestube, um welche herum es des Abends, der Hauptreinigungszeit, äusserst lebhaft herzugehen pflegt. Alt und jung, Mann und Weib jubeln in dem rauch angefüllten Raume im gemeinsamen Genusse des erfrischenden Dampfbades, indem sie sich schallend die schwitzenden Glieder mit Birkenreisern peitschen und schliesslich dampfend herausstürzen, um sich in dem, stets nahe liegenden, vorüberfliessenden Bache mit eiskaltem Wasser zu übergiessen. Die höchst ungenirte Mischung aller Alter und beider Geschlechter hat keinen entsittlichenden Einfluss auf die Kolonie geäussert, vielmehr hat das Bad, dessen fleissige Benutzung nach der ausdrücklichen Erklärung der Finnen zur Aufrechterhaltung der Kräfte in ihrer Sumpf- und Wald-Existenz eine Nothwendigkeit ist, eine allgemeine Liebe zur Reinlichkeit und Sauberkeit erzeugt, die sich an der Person und in dem Hause eines jeden Finnen in hohem Grade vorfindet. Obschon jetzt in der Tracht und dem äusseren Gebahren dem Norweger mehr und mehr ähnlich werdend, halten die Kolonisten doch, und nicht allein in ihren Erinnerungen und im geistigen Leben, mit Zähigkeit am Mutterlande, dem eigentlichen Grossfürstenthume, fest. Bücher, nicht nur Bibeln, sondern oft auch ästhetische Schriften, und namentlich Sammlungen aus ihrer schönen Volkspoesie, finden sich in den meisten Häusern, letztere selbst im Gedächtniss von Alt und Jung, vor. In den Wanderschulstunden frischen die Lehrer, wie am häuslichen Heerde die Greise, die Mythen und dunkelen Sagen von Väinämoinen und Jlmarinen und den vielen anderen mythischen Persönlichkeiten der finnischen Stämme auf, die in solcher Weise, überall in frühester Kindheit vernommen, zum Allgemeingut werden. Neben ihren nunmehr gebräuchlichen Familiennamen, oder richtiger Vatersnamen, tragen sie noch ihre unter sich gebräuchlichen uralten, aus dem Grossfürstenthume mit herübergebrachten Geschlechtsnamen, wie auch die Torpen oder Häuslerplätze und die Bauernhöfe neben den norwegischen, auch ihre finnischen Bezeichnungen haben. In Körperbildung sind sie von den nördlichen Abstammungsgenossen, den Lappen, ganz verschieden, gross und gut gewachsen, und es gehört eine lange und häufige Uebung dazu, um sie, wie der norwegische Bauer es vermöge der grösseren Vertrautheit mit ihren Eigenthümlichkeiten thut, nach den Physiognomieen von den Normännern zu unterscheiden. Zu solchen Eigenthümlichkeiten gehört die Zähigkeit, mit welcher sie an einzelnen kleinen Kleidungsstücken festhalten. So zum Beispiele lassen sie nirgends von ihren allerdings sauberen und hübschen „Finnenschuhen," die zierlich aus Streifen von Birkenrinde geflochten sind, und ebensowenig von der „Finnkunte", einem aus derselben Art Flechtwerk gebildeten Tornister oder Ränzel, die beide finnische Erfindungen und im Grossfürstenthume Finnland auch noch allgemein gebräuchlich sind. Sie, und in noch allgemeinerer Verbreitung der „Finnmut" — das heisst ein, vorzugsweise von Renthierfell, sonst aber auch von anderen jagdbaren Rauthieren gefertigter Pelz, dessen Haare nach aussen getragen werden — fanden auch schon Anwendung und Nachahmung bei den Norwegern.

Es führen diese Bewohner des Finnwaldes im Allgemeinen ein höchst beschwerliches und mühseliges Leben, um so mehr, als sie der Mehrzahl nach nur Häusler sind. Sie treiben etwas Ackerbau, aber die Kornerndte schlägt sehr oft fehl und nur Wenige unter ihnen besitzen ein Paar Stück Vieh, um die, sich ihnen bietende gute Gebirgsweide auszunützen. Der Arbeitsverdienst beim Schlagen und Zubereiten des Bau- und Nutzholzes ist der Nahrungszweig der Meisten, wirft aber nur mässige Erträge ab. In vielen Haushaltungen ist ein, jedenfalls ursprünglich von der Noth aufgezwungenes Brodtsurrogat — dessen Bestandtheile nur in der Menge der fremdartigen Zusätze (geraspelte Birkenrinde und getrocknete und geriebene Moos- und Flechten-Arten) zu der Grundmasse des Mehlteiges wechseln — als Maasstab des momentanen Wohlstandes vorzufinden. Theils wohl begründet durch die Mühseligkeit ihres Daseins, anderentheils aber wohl auch als ein Erbtheil ihres Stammes — denn auch im Mutterlande ist dieses der Fall — liegt ein schwermüthiger, tiefsinniger Zug über ihr ganzes Wesen ausgebreitet, und sie klagen selbst über die „sydeman tauti" (Herzkrankheit), die ihnen aus der Heimath in ihr einsames Waldleben folgte. Nichtsdestoweniger muss man sie ein leutseliges, gebildetes und liebenswürdiges Bauernvolk nennen.

Wie überraschend es für Eilert Sundt gewesen sein muss, einen so angenehmen, lichten und freundlichen Eindruck im Finnenwalde davon zu tragen, ist leicht denkbar, wenn man erwägt, dass er erwartete, auch hier einen Zweig des unheimlichen Fantenvolkes mit seinen düsteren und grauenhaften Sitten oder vielmehr Unsitten zu finden. Das Resultat seiner Forschungen lenkte sein Erstaunen nach einer anderen Richtung, nämlich dahin: wie es möglich gewesen, dass Jahrhunderte die Vorurtheile des norwegischen Volkes gegen die fremden Einwohner nicht zerstörten, sondern vielmehr so befestigten, dass dieselben in den allgemein verbreiteten Ruf kamen, mit dem verhassten Landstreichervolke Gemeinschaft zu halten und gleichen Strang zu ziehen, während gerade die Finnen, ihrer früheren und vielfach unangenehmen Berührungen mit dem Fantengeschlechte halber, ein eigenes Bewachungssystem ihrer Kolonie eingerichtet hatten, um dasjenige Gesindel abzuhalten, was sowohl von der schwedischen, als auch von der norwegischen Seite herüberzukommen pflegte, um sie zu belästigen und ihre Armuth zu brandschatzen. Eine geschichtliche Darstellung der Kolonie, wie sie, wenn auch nicht urkundlich niedergelegt, doch als Tradition in ihnen lebt, von den Aeltesten in ihren Versammlungen erzählt, von den Schullehrern der Wanderschulen aufrecht erhalten und unter den Kindern verbreitet wird, gibt den Schlüssel zu dem Räthsel ihres schlechten Rufes unter den Nachbaren und dem dadurch herbeigeführten Zustand der Isolirtheit und unvermischten Existenz.

Etwa um das Jahr 1600 kamen die ersten finnischen Ansiedlerfamilien in diese Gegend, nachdem sie kurz zuvor, es ist ungewiss geblieben aus welcher Ursache, ihr Vaterland hatten verlassen müssen. In Schweden, wohin sie zuerst gezogen, hatte der König ihnen den weitläuftigen und damals noch gänzlich unbewohnten Waldstrich im oberen Wärmeland, dicht an der norwegischen Grenze, zur neuen Heimath angewiesen. Hier richteten sie sich in der gewohnten Weise ein; sie fällten grosse Waldstrecken, verbrannten die niedergeschlagenen Bäume und Gesträuche zur

Urbarmachung des damit bestandenen Bodens und säeten Roggen in die Asche, der trefflich darin gedieh; dieses Verfahren war auch Veranlassung zur Viehzucht für sie, denn wenn eine solche Braate, wie der norwegische Ausdruck für den dort gewonnenen Acker lautet, die düngende Kraft der Asche verloren hatte und durch mehrere Jahre hintereinander darauf gewonnene Roggenerndten ausgesogen und abgemagert war, musste sie brach liegen und wieder dem Graswuchs überlassen werden, auf dessen Nährkraft hin der Besitzer dann leicht seinen Viehstand vergrössern konnte. So wuchs die Kolonie, die den Ansiedlern sehr gutes Auskommen bot, selbstverständlich sehr schnell und drängte bald nach grösserem Raum. Jenseits der Grenze, die, wenn auch imposante Steinhaufen auf den einzeln hervorragenden Bergeskuppen sie bezeichnen, doch eine imaginäre, durch Naturscheiden keineswegs überall sichtlich gemachte ist, zeigte sich ihnen ein eben solches grünes, waldbestandenes Gebirgsland, dessen grosse menschenleere Strecken wohl höchstens hier und dort einmal von einem Elen- oder Bärenjäger aus den norwegischen Districten auf seinen Streifzügen durchforscht und zu kürzestem Aufenthalt gewählt wurden. Als Spuren einer Ausnützung der Gegend durch die normännischen Bewohner älterer Zeit finden sich allerdings noch heute, dicht neben den vielfachen Sümpfen, mächtige Aschenhaufen und Schlackenhügel als sprechende Reste des ehemaligen Brennens und Schmelzens des reichen Wiesenerzes. Die thätigen, unternehmenden Finnen breiteten sich daher, in gutem Glauben und wohl auch lange genug unbemerkt von den norwegischen Thalbewohnern jener Zeiten, in dem ausgedehnten und ungenutzten Urwalde mit ihrem Braatebrennen aus, und verpflanzten, ungehemmt wie ungescheut, ihr finnisches Leben, Sprache, Sitte und Art auch auf norwegischen Grund und Boden, so dass der Bauholzhandel, als er anfing im Grossen getrieben zu werden und sich auch die entlegenen Waldschätze zu Nutze machen wollte, ihr Vorhandensein und ihre Einwurzelung in festen Besitz als vollendete Thatsache vorfand.

Entgegen den Tatern, haben die Finnen der jetzigen Generation noch, neben dem vollen Bewusstsein ihres fremden Ursprunges, Kenntniss von ihrer Einwanderung und wahren und verbreiten die Geschichte dieser Ansiedelung in der Form einfacher Volks- und Sagendichtung. Sie schildern, um ein schönes, ächt poetisches Bild einer solchen allgemein unter ihnen bekannten Tradition zu wiederholen, sich selbst als ein junges, lebensfrohes Volk, das voll Muths und kühnen Hoffens in ein gleichsam noch unberührtes Land einzieht, welches still wie eine Jungfrau daliegt und träumt von dem Volke, das um seine Gunst werben, von dem Geschlechte, das sich an seinem Busen nähren wird.

Am Rögden-See, der auch noch heut die ungefähre Mitte des zusammenhängenden Finnensitzes in beiden Reichen bildet, soll, dieser Sage nach, die erste kinderreiche finnische Familie in Norwegen ihren Wohnsitz aufgeschlagen und, Landsleute nach sich ziehend, sich bald nach Norden, Westen und Süden ausgebreitet haben. Die schnelle Vermehrung ist begreiflich, da keinerlei Hindernisse der Eheschliessung und Ansässigmachung in den Weg gelegt werden konnten. Sehnte sich ein Finnenbursche nach eigenem Heerde, so suchte er die, seinem Herz und Sinnen zustehende Dirne und schritt zur Heirath. Zu diesem Zwecke band er sich einen Strauss aus Birkenzweigen von fünf verschiedenen Bäumen und suchte es zu veranlassen, dass das Mädchen seiner Wahl, in Unwissenheit seiner zarten List und wie durch Zufall dahin gekommen, sich gerade dieses Strausses bei dem, in der Regel gemeinsamen, Sonnabendbade zum Peitschen ihres Körpers bediente. Es lag natürlich Zauberkraft in dem Strausse, denn er wurde durch bestimmte, noch in Aller Gedächtniss lebendige Zaubergesänge zu seinem wichtigen Zwecke geweiht und war die Dirne nach seiner Benutzung nicht im Stande, ihr Jawort zu versagen. Er nahm dann seine Axt, fällte ein Waldstück, zimmerte sich aus einigen der Stämme eine Rauchhütte und eine Badestube, verbrannte die anderen und säete Roggen in die Asche. Wenn dann im Herbste aus dem Kornsegen des geerndteten Roggens Bier gebraut war, — die Malzbereitung aus Roggen ist ein alter Brauch der Finnen — führte er seine Braut heim. Sobald sich die zuerst ausgebrannten Waldstellen erschöpft zeigten, zog man von dem ursprünglichen Niederlassungsflecke weiter fort, liess die Hütte stehen, wo sie stand und suchte sich nun Abhänge, die zu dem Zwecke des Braatebrennens bequem lagen. In der Regel thaten sich auch wohl einige Nachbarn zusammen, beluden einen Ochsen mit einigen Säcken Mehl und dem Finnenpflug, — ein noch heut von dem norwegischen Ackergeräth verschiedenes Werkzeug, das vorzugsweise gut eingerichtet ist, um die neugewonnenen Aecker von Steinen zu reinigen und die stehen gebliebenen Stubben auszuroden — legten die sonst noch nothwendigsten Dinge hinzu und trieben in das Waldgebirge hinein, bis sie eine ihrem Zwecke entsprechende Stelle fanden. Hier schlachteten sie das Thier und lebten, während des Hüttenbaues und der Verrichtung der zuerst nöthigen Arbeiten, von dem Fleische desselben und von den mitgebrachten Vorräthen. Wenn dann der Sommer zu Ende ging, holten sie wiederum zwei Ochsen heran oder liessen sie sich zuführen, von denen der eine zur Nahrung in der Erndtezeit geschlachtet, der andere aber, mit dem Kornertrage beladen, zur alten Wohnung heimgeschickt wurde, jedoch nicht eher, als bis sie für das nächste Frühjahr sich ein neues Braateland eingerichtet hatten. Ihm folgten sie selbst dann auch bald, um im Winter näher an einander zu sein.

Ein solcher communistisch-idyllischer Zustand konnte

natürlicherweise nicht lange dauern, wo sich bereits ein sesshaftes Volk mit Eigenthumsrechten vorfand. Ein Zusammenstoss fand statt und die norwegischen Sätermädchen (Senninnen) kamen mit grossem Schreck von der Senne, auf der sie mit dem Vieh gewesen, nach den Bauerhöfen zurück und brachten die ersten Nachrichten von den fremdartigen Leuten, auf die sie tief im Innern der Gebirgswälder gestossen, selbstverständlich konnten die Bauern hierauf bei dem eigenmächtigen Gebahren dieser neuen Nachbaren, nicht gleichgiltig bleiben. Man betrachtete sie anfangs ganz als Fanten und wendete sich natürlicherweise, über sie und die erlittene Unbill klagend, an die Obrigkeit. So kam bereits im Jahre 1684 eine Verordnung heraus, dass diese „Waldfinnen", welche durch „Weidefang und Fischerei" grossen Schaden anrichteten, sich entweder weg verfügen oder aber auf gesetzlichem Wege ein Recht verschaffen sollten, im Walde zu wohnen und sich anzubauen. Dass die Finnen es nicht für nöthig gefunden haben, diesem neu geschaffenen Gesetze nachzukommen, beweisen die häufigen Wiederholungen und Einschärfungen desselben. Auch kamen häufige Streitigkeiten und selbst förmliche Kampfesscenen zwischen ihnen und den norwegischen Bauern und Lehnsmännern, als Ortsobrigkeiten, vor. Ein, Hass und Feindschaft säender und erhaltender Umstand, von dem mannigfache norwegische Akten berichten und an welchen in der That noch die finnischen Sagen dunkele Erinnerungen bewahren, war die zweideutige Stellung, den diese andersgeartete Bevölkerung zwischen den beiden, sich oft blutig bekämpfenden Nachbarreichen einzunehmen pflegte. Sie benutzten in Kriegszeiten, stets ihren persönlichen Vortheil in Acht nehmend und wahrend, gern die Gelegenheiten, um kleine Streifzüge, Feld- oder Raubzüge, wie man sie nennen will, bald auf der schwedischen, bald auf der norwegischen Seite, auszuführen, und zwar zu keinem anderen Zwecke, als den, ihren| grössten Vortheil zu erreichen. So erhielt sich nicht nur, sondern schärfte sich noch im Laufe der Zeit, selbst als bereits die Thatsache des Festsetzens der Eindringlinge schon eine längst überkommene und gewohnte war, das gespannte Verhältniss zwischen den Finnen und ihren Nachbaren, und der allgemeine, noch am heutigen Tage im niederen norwegischen Volke nicht ausgestorbene Glaube an eine Zaubermacht jener, vermehrte noch den Unwillen gegen sie in demselben Verhältnisse, wie sich ihm die Furcht beimischte.

Die Regierung vermochte schliesslich, in Anerkennung des faktischen Verhältnisses, die schon in verschiedenen Generationen in ihren, von ihnen selbst in gutem Glauben als rechtmässiges Eigenthum angesehenen Wohnsitzen geborenen Finnen, trotz ihrer fremden Nationalität, selbstverständlich nicht länger als Fanten anzusehen, und bequemte sich mehr und mehr dazu, ihnen nicht mit Gewalt und Härte zu Leibe zu gehen. Die, auch unter ihnen mehr und mehr Platz greifende höhere Gesittung und das Interesse für das neue Vaterland führten allmählig ein besseres Vernehmen mit der nächsten, zumeist berührten Nachbarschaft herbei. Eine finnische Sage erzählt hierüber: dass einige norwegische Bauern in ihrer Erbitterung gegen eine Finnenfamilie, die sich ohne Erlaubniss in dem Walde niedergelassen hatte, sich in ziemlicher Mannesstärke versammelten, und dieselbe plötzlich mit dem Vorsatze überfiel, das Zaubervolk zu verjagen. Der Anblick einer Bibel und einer Violine in der, zufällig von den Menschen verlassenen Hütte habe sie so verblüfft, dass sie die feindlichen Absichten aufgaben und zu einem friedlichen Vergleiche mit den Finnen schritten. Thatsache ist es, dass sich nach und nach der grösste Theil der Eindringlinge mit den ursprünglichen Herren des Landes verglich und sich auch gesetzlichen Anspruch erwarb, den Wald zu bewohnen, den sie schon in Besitz genommen hatten. Diese Wälder waren zu jener Zeit wohl übrigens zum grössten Theile Allgemeingut, das heisst Eigenthum des Königs, der den Staat repräsentirte, oder des Districtes, dem sie auf der Landkarte und in administrativer Beziehung zugetheilt waren; jedenfalls kannte man damals ihren, erst mit der Zeit stets steigenden Werth noch nicht, so dass auch auf dem Vergleichswege für die Finnen nur sehr geringe Mittel dazu gehörten, ihn sich zu pachten oder zu grossen Theilen zu kaufen. So wurde denn das Braatebrennen mit Ruhe und erneutem Fleisse fortgesetzt und der, aus dem Verkaufe des herrlichen Braateroggens gewonnene Geldsegen, der durch die angeborene finnische Sparsamkeit zusammengehalten wurde, machte die ursprünglich besitzlosen Eindringlinge zu reichen Leuten, so dass ein ziemlicher, und nicht der schlechteste Theil der Kolonisten sich immer weiter, namentlich nach Norden bis zum Osen-See im Amte Hedemarken, ausgebreitet hatte und am Schlusse des vorigen Jahrhunderts dort als Selbsteigenthümer sich in gesetzlicher Ordnung und hohem Wohlstande befand. Freilich schwand mit der dadurch gewonnenen Achtung und Gleichstellung mit den norwegischen Bauern auch die von der isolirten Kolonie erhaltene Nationalität bis zu dem Grade, dass sie völlig mit jenen zusammenschmolz und jetzt in dem ganzen Districte keine Spur mehr von fremder Art und Gesittung vorhanden ist.

In dem eigentlichen Finnwalde erhielt sich die Nationalität, aber es machte sich ein gewaltiger Rückgang im materiellen Wohlbefinden fühlbar. Bereits im vorigen Jahrhundert entstand eine lebhaftere Nachfrage nach Zimmerholz. Die Kolonisten, die gerade in dem besten Laubholzwalde wohnten, wurden von den grossen Holzhändlern in Christiania, welche auf ihre Stammeseigenheit, die Vorliebe zum blanken Gelde, fussten, leicht verführt ihr Eigenthum für nur ihnen genügend erscheinende Preise zu verkaufen oder gegen einen gewissen Ersatz auf ihr ferneres Pachtrecht zu verzichten, unter der, in die verlockende Maske eines Zugeständnisses gekleideten Bedingung, dass sie nach wie vor dort wohnen sollten. Die leicht vorauszusehende Folge blieb nicht lange aus, und schon am Schlusse des vorigen Jahrhunderts waren nahezu alle Waldfinnen aus kleinen Besitzern in Häusler der grossen Grundeigenthümer, welche zum grössten Theile durch die grossen Handelshäuser in Christiania repräsentirt wurden, verwandelt. Das Braatebrennen hörte dadurch selbstverständlich auf, und mit der jetzigen besseren Forstwirthschaft fand sich die Nothwendigkeit für die Herabgekommenen ein, als Arbeitsleute unter fremden Herren eine kümmerliche Nahrung zu suchen. Diese Zustände gaben vorzugsweise Anlass zur Entstehung wehmüthiger Sagen, wie überhaupt Alles, was der Kolonie als Gemeinschaft geschah und geschieht, alsbald in Volksgesängen, deren Autoren unbekannt zu bleiben pflegen, wiederhallte. Besonders lebhaft ertönen darin die Klagen über den, natürlich in jetzt längst vergangene Jahrzehnte fallenden, widerrechtlichen Vorgang, dass der Verwalter des grossen Anker'schen Fideikommissbesitzes eine grosse Zahl Waldfinnen hinab nach Nittedalen in Nedre-Romerige führen liess, um dort in den Gruben zu arbeiten und Sümpfe auszufüllen. Die Schilderungen ihres bitteren Heimwehs sind so lebendig, wie die ihrer Noth im Hungerjahre 1812, welches bei ihrer Armuth natürlich Muthlosigkeit und Erschlaffung im Gefolge hatte, die sich, in Wechselwirkung mit der Geringschätzung und dem Hohne ihrer Nachbaren, wie des ganzen niederen norwegischen Volkes, steigerten und bis heutigen Tages nicht verwunden sind.

Die norwegische Sprache, wie erwähnt jetzt Allgemeingut der Waldfinnen, bleibt doch immer eine absichtlich und mühevoll erlernte und ihr Gebrauch unter denselben datirt höchstens ein Menschenalter zurück; durch ihre Kenntniss ist selbstverständlich die Lage derselben eine andere und bessere geworden und es gilt jetzt für sie weder als Unglück, noch als Schande ein Finne zu sein, da die Allgemeinheit doch gelernt hat, nicht von Hause aus die Finnen und Fanten für eines Schlages zu halten. Durch den grösseren gegenseitigen Verkehr, der durch das Eindringen der norwegischen Holz-Grosshändler in die Wälder und die Uebernahme fremder Arbeit herbeigeführt wurde, lernte man sich eben gegenseitig besser kennen, und die Finnen ihrerseits gaben die im Geheimen als Repressalie gern geübten Feindseligkeiten und Bosheiten auf, während andererseits das, um ihre Sitze rund herumwohnende norwegische Volk auch anfing, von seinen stolzen Stammesvorurtheilen abzulassen. In der allerjüngsten Zeit aber ist ein eigener Umstand zum besonderen Vortheil der Kolonie ausgeschlagen. In Bezug auf den Grundbesitz im Finnenwalde ist eine Decentralisation durch die veränderten Verhältnisse der Handels- und Finanzbeziehungen Norwegens eingetreten. Er ist nicht mehr in der Hand einiger wenigen grossen Kaufleute in Christiania angesammelt, sondern getheilt und verkauft, wodurch mehrere Finnen wieder Selbstbesitzer in ihrem Walde wurden und auch die ökonomische Lage derer, welche Häusler bleiben mussten, sich dadurch besserte, dass einmal die neuen, thätigeren Herren durch die, bei ihnen so starken Bande der Nationalität mit ihnen verbunden wurden und ausserdem der Aufschwung, welchen der geregelte Holzhandel nahm, ihnen eine dauernde Beschäftigung und gesicherten Arbeitsverdienst schuf. Durch einen Kandidaten der Theologie, Axel Gottlund aus Åbo im Grossfürstenthum Finnland, der im Jahre 1821 auf längere Zeit den Finnwald besuchte, die Stammesgenossen beider Reiche um sich schaarte und aufregte, — durch Predigten in ihrer Sprache; durch mehr agitatorische, als seelsorgerische Besuche von Torp zu Torp (wie hier die Häuslerstellen heissen); durch Auffrischung der alten, hinsterbenden Sagen aus dem fernen Suomi und durch andere zu solchen Zwecken übliche Mittel — wurden mit einemmale in

dieser kleinen Stammesgenossenschaft eine Menge Wünsche
rege, von denen sie bisher Nichts empfunden. Die norwegischen Bauern behaupten sogar, dass sie bereits mannigfache Pläne geschmiedet hätten, und lächeln gern mit einem gewissen Hohn über Gottlund, den sie den „Finnenkönig"
nennen. Jedenfalls steht es fest, dass sie um diesen Zeitpunkt eigene Kirchen verlangten — die Bauplätze, auf denen diese stehen sollten, waren schon ausersehen — und
eigene Prediger, einen eigenen Vogt (Verwaltungsbeamter) und eigene Sorenskriver (Geschwornenrichter, d. h. Richter eines Unterdistricts) haben wollten, die nur in ihrer
Sprache mit ihnen verkehren sollten. Selbstverständlich
ging die Regierung auf diesen Wunsch nicht ein, und die
Absendung einer Deputation von drei finnischen Besitzern
aus dem norwegischen und dreien aus dem schwedischen
Finnwalde an König Karl Johann XIV. nach Stockholm,
um demselben darzustellen, wie im Wandel und Wechsel
der Zeit die Finnen stets dabei beharrt hätten, sich als ein
Volk zu betrachten und nun wohl berechtigt seien, ein von
Christiania und Stockholm unabhängiges Reich zu bilden,
fand zwar eine milde und gütige Aufnahme, aber doch entschieden abschlägigen Bescheid. Ob sie ihre hochfahrenden
Pläne darauf einfach aufgaben, ist nicht zu sagen, jedenfalls
aber hält ihre Bildung dem nationalen Bewustsein bis dahin das Gleichgewicht, dass sie die Scheidewand zwischen
sich und dem norwegischen, sie umgebenden Landvolke mehr
und mehr abbrechen, so dass jetzt ein finnischer Bursch es
dreist wagen könnte, um ein norwegisches Landmädchen
zu werben, und sie sich bequemen würde, ihr Jawort zu geben, und umgekehrt. Auch ergiebt eine jede Volkszählung,
dass alljährlich die beiden Bevölkerungen mehr zusammen
verschmelzen, so dass kaum noch die Zahl Zweitausend
von denjenigen Waldfinnen erreicht wird, die sich durch steten
Gebrauch ihrer Muttersprache in Absonderung erhalten.

Diese bewohnen einen längs der schwedischen Gränze hinlaufenden Landstrich von einem Paar Meilen Breite zwischen dem Varild-See und dem Vermund-See im Amte Hedemarken, anlehnend an eine grössere Zahl Familien im schwedischen Reiche. Einzelne versprengte Familien sind weiter im Norden ansässig.

Diese versprengten Familien und kleineren, von der grossen Masse abgesonderten Häuflein mussten begreiflicherweise, sobald sie in missliche Verhältnisse geriethen, auch moralisch sinken und wurden so leicht, sowohl für ihre Stammesgenossen, wie für die Norweger, zu einem Ausschuss, zu heimathlosen, herumschweifenden, verlorenen Geschöpfen. Sie erregten natürlicherweise ein grosses Aufsehen und mögen wohl Veranlassung gegeben haben zu den ungünstigen Urtheilen älterer Zeit, unter denen dann die ganze Nationalität zu leiden hatte. Einzelne sind wahrscheinlich auch wirklich Fanten geworden.

In den Akten der Verwaltungsbehörden und Gerichte finden sich der Beweise hinreichende, die einst viel weiter gehende Ausbreitung der Finnenkolonieen zu behaupten. Ihr erster Sitz war, wie erwähnt, ostwärts des Glommens am Rögden See in der Voigtei Hedemarken, von wo sie, anfangs immer im Ost des Stromes bleibend, sich nach Nord ausbreiteten und unweit der Klaraelf festsetzten, während sie gegen Süden über die ganze Bergreihe hin ihre Sitze wählten und weder die Voigtei Ober - noch Nedre - Romerige verschonten, wie die Klagen der alten Schriftsteller über den Unfug der dortigen Waldfinnen beweisen. Dann überschritten sie auch den Glommen, zogen über den Vormen und setzten sich am Mjösensee fest. Von hier schwärmten sie wieder über die zusammenhängenden Bergreihen nach Süden über den Tyrifjord bis zu dem imposanten Modumsberge, so dass selbst ringsum in der nächsten Nähe der Hauptstadt die Axt der Finnen in den dichten Wäldern erklang. Ja noch weiter nach Westen findet man Ortsnamen, die, wie

"Finnenplatz," "Finnenhof," "Finnmarken u. s. w. dafür sprechen, dass diese Namen Erinnerungen an kleine Ableger der Finnenkolonie sind. Zuerst wurden zwischen den Jahren 1650—1660 die Klagen über das unerlaubte Braatebrennen, das die Wälder verwüste, laut, im Jahre 1685 warf sie eine energische Instruktion für die Amtmänner in eine Kategorie mit den zu verfolgenden Fanten und Juden und im darauf folgenden Jahre wurden alle Finnen vor den Thing geladen, um sich über die erworbenen Besitzrechte auszuweisen, sich zählen und in die Bevölkerung einregistriren zu lassen.

Jetzt findet man an allen diesen isolirten Punkten keine Spur mehr von einer fremden Nationalität. Sind noch Nachfolger der eingedrängten Ansiedler vorhanden, dann sind sie so gänzlich zu Norwegern geworden, dass wohl nur eine genauere Forschung, aber nicht die Kunst der Physionomik sie herausfinden würde. Aber gerade in diesen Gegenden kann man vorzugsweise, namentlich aus den vielen Sagen und Erzählungen, besonders der der Landleute von Ringerike, erkennen, welches Aufsehen diese Fremden erregt und welche wichtige Rolle sie gespielt haben müssen; auch beweist dies die Bedeutung, die noch heutigen Tages der Name "Finne" für den Aberglauben im niederen Volke besitzt. Wenn ein furchtsames Sennmädchen oder ein ängstlicher Holzschläger — an die vielen Arten Naturgeister glaubend, mit denen der poetische Sinn der begabteren Norweger die sie umgebende, grossartigst gestaltete Welt bevölkerte und jede einzelne Wahrnehmung und Erscheinung in derselben meistentheils, trefflich malend, personificirte — tiefinnen im Walde zufällig einmal eine Finnenfrau in ihrer fremdartigen Sprache singen hörten, — vielleicht eines der so schönen, zarten, melancholisch klingenden Lieder, die durch ihre in Moll tönende Melodie auch unverstanden zu ergreifen vermögen — dann galt dies wohl ihrem Sinne als ein Hexengesang und das erste Unglück, welches das Haus oder Vieh betraf, wurde ganz sicherlich als eine Wirkung desselben betrachtet. — Wie in Mitteldeutschland, namentlich im sächsischen Erzgebirge und Franken, noch heutigen Tages die Kinder mit dem Kommen des Schweden geschreckt werden, der sich den Urältern im Dreisigjährigen Kriege furchtbar und denkwürdig gemacht, so droht man in Norwegen auch noch zur Stunde den Kindern damit: „der Finne würde kommen und sie in den Sack stecken." Im Solöer Finnwalde, also dem eigentlichen Herzen der Kolonie, leben andererseits auch noch die von den Grosseltern überkommenen Traditionen von der List und Schlauheit, mit der die Einwanderer die Norweger schreckten und fürchten machten, und dient ihnen, denen der Aberglaube viel ferner liegt, dies jetzt auch noch vielfach als Quelle der Heiterkeit, so übersehen sie dabei, dass das ehemalige kecke Spiel sich durch die erzeugte Erbitterung arg an ihnen gerächt hat. In Ringerike hatten beispielsweise noch zu einer Zeit, in der die Sonne der Aufklärung in Bezug auf diesen, unbegreiflich lange von der Gesetzgebung geduldeten Schandfleck auch schon über Norwegen leuchtete, die Bauern ihren Amtmann vergeblich darum gebeten, ihnen ein, mit Verdacht und ihrem Hasse beladenes, altes Finnenweib zu überliefern, um es feierlich als Hexe zu verbrennen. Als natürlicherweise ihrem wahnwitzigen Verlangen nicht gewährleistet wurde, schritten die Verblendeten zur unerlaubten Selbsthülfe. Sie errichteten sich eine Art Backofen, zwangen die vermeinte Hexe hineinzukriechen und vermauerten dann die Eingangsöffnung; hier sass sie, wie die noch allgemein in der Gegend lebendige Tradition berichtet, neun Tage, ehe am Aequinoctium der Tod ihrem zähen Leben ein Ende machte. In dieser ganzen Zeit hatte man sie nicht ein einziges Mal den Namen Gottes anrufen, sondern beständig die klagenden Worte wiederholen hören:

„Weihnachtsmalz und Ostersalz
Ist gut für All's,

Hätte ich nur das, dann sollte ich hier nicht lange schwitzen."

Ein fernerer Grund zum gegenseitigen Hass und der, in der öffentlichen Meinung eingewurzelten Vermischung aller Finnen mit den Tatern und Sköiern, statt bei den einzelnen verkommenen und zum Fantenthum herabgesunkenen Gliedern des Stammes stehen zu bleiben, lag in den im früheren Abschnitt über die Sköier erwähnten Treibjagden, welche die Bauern unter Führung ihrer Lehnsmänner in jedem Distrikte, auf Befehl des Statthalters Gabel, gegen „Räuber und verdächtiges Gesindel" abhalten mussten. Diese wirklichen Fanten, Tater und Sköier suchten, wenn sie vor den Lehnsmännern und Distriktswächtern flohen, oft in den Wäldern ihre Zuflucht und fanden dann — da ja die Gastfreundschaft der schönste Zug derjenigen Volksstämme ist, welche nur die einfacheren Sitten der niederen Kulturstufen kennen — in den verachteten Finnenhäusern, vor denen sich die ordentlichen Leute scheuten, offene Aufnahme und sicheren Schutz. So ist ein solches Finnenhaus in der ganzen Fantenwelt beider Reiche und vielleicht ganz Skandinaviens bekannt und berühmt geworden. Es liegt über der Linna, einem Gebirgsflüsschen, welches die norwegische und schwedische Reichsgrenze bildet, und ist so gebaut, dass es ein Zimmer in jedem der beiden Staaten hat. Wenn nun der Römling oder Fant in der einen Stube sass und von der Gerechtigkeit des einen der jetzigen Bruderreiche — deren Bevölkerungen sich ja früher hassten, oft bekriegten und auch jetzt, wo sie Personalunion locker verbindet und trotz skandinavischer Unionsbestrebungen, noch nicht recht lieben gelernt haben — verfolgt und hart bedrängt wurde, so brauchte er nur nach dem Zimmer auf dem jenseitigen Flussufer hinüberzugehen. Wurde dann auf dieser Seite nach erfolgter Reclamation, was doch in der Regel mehrere Tage in Anspruch nahm, auf ihn gefahndet, so schlug er den entgegengesetzten Weg ein und brauchte erst dem, nur selten eintretenden, gemeinsamen Handeln neue List zur gewagten Flucht entgegenzusetzen. Durch diese häufigen Verbindungen sind jedenfalls die schon früher erwähnten Wortformen und Redensarten finnischer Zunge in die arme Sprache der Sköier eingedrungen, so wie auch viele nützliche Kenntnisse und blendende und täuschende Kniffe der zauberkundigen Freunde auf die Sköier übergegangen. Auch verführten wohl die misslichen Verhältnisse der harten Zeit oder die Liebe und Abentheuerlust ab und zu einen Finnenburschen oder eine finnische Dirne dazu, der nationalen Tugenden ihres Volkes zu vergessen und die räuchrige Stube ihres Vaterhauses zu verlassen, um die mühevolle Arbeit in der waldigen Heimath mit dem scheinbar leichten Wanderleben der lustigen Fanten zu vertauschen.

So wechselvoll und mühselig das geschilderte Dasein dieses finnischen Stammes in Norwegen war und in seiner jetzigen Gestalt zum Theil auch noch ist, so glücklich ist es doch jederzeit gewesen gegenüber dem eines anderen Zweiges seiner Race genossen. Waren die Wohnsitze der Waldfinnen auch stets in den Aussenmarken gelegen, hoch über den Sitzen der Norweger und abgeschnitten vom Verkehre, mussten sie sich auch erst schwierig Duldung erkämpfen und Hass und Feindschaft besiegen, so gelang es ihnen mit der Zeit doch, das, in den erwählten Gegenden noch nicht mit voller Strenge geltend gemachte Eigenthumsrecht zu ihren Gunsten zu wenden und ihre Berge waren doch immer noch die üppig grüne Heimath der Tanne und Birke, auf denen der Braateroggen trefflich gedieh und wo in früherer Zeit, weit häufiger als jetzt, das Elch umherstreifte und anderes Waldgethier willig seinen Pelz darbot. Weiter nach Norden hinauf, von dem, neun Meilen langen und zwei Meilen breiten Fämund See — in der Voigtei Oesterdalen des Aggerhuus-Stiftes, auf den Grenzgebirgen zwischen Norwegen und Schweden — ab bis tief hinein in das Stift Nordland und die Voigtei Finnmarken, zieht auch finnisches Volk umher. Bei aller Verschiedenheit dieses nomadisirenden Stammes von den Waldfinnen und ihren Ahnen im Mutterlande, besitzen beide doch wiederum so viel Gemeinsames, dass zu Jenen, den Lappenfinnen, den Urbewohnern dieser Gegend, sich auch ein Theil Dieser, hier Quäner oder auch Quänen-Finnen genannt, als Kolonisten einfand. Es ist diese Gegend ein Polarland, in dessen grösstem Theile die Natur mit einem strengen, oft schrecklichen Scepter, unter den sich die Menschen beugen müssen, herrscht. Es sind meist Gebirgsebenen; aber dieses Flachland trägt durchaus arktischen Karakter zur Schau und auf seinem moosigen, meist sumpfigen Boden zeigen noch keine Grenzsteine den Unterschied zwischen dem Mein und Dein an; die Renthiere können, unbeschränkt von Weiderecht und Besitzprivilegien, die, nur ihnen mundende reiche Flechtennahrung suchen. Gerade in dem nördlichsten Theile — wo die Alten-elf, als Paradies der Polarzone, inmitten der sie umgebenden Oede und Wüste, gleichsam als eine Oase, das Bild eines zwar hochgelegenen, aber sanften Alpenthales hervorzaubert — haben sich in dem Kirchsprengel Alten Quänerfinnen so zahlreich niedergelassen, dass sie zwei Drittel der mehr als 2000 Seelen betragenden Einwohner und zwar gerade die thätigsten unter diesen repräsentiren. Hier sieht man die kriechende, strauchartige Birke wieder von der Fichte, im vollen Wachsthum, verdrängt, selbst Gerste und Kartoffel angebaut und oft zur Reife gebracht, so wie kleine Kühe mit Sorgfalt von den Quänerfrauen gehegt und gepflegt. Ausserhalb dieses Sprengels ziehen durch das ganze Amt — bis hinab durch das Amt Throndhjem, halb hier im Lande bleibend, halb heimathlos — von Gebirge zu Gebirge die Lappenfinnen mit ihren Heerden oder, mit ihren Fischereigeräthen, von See und Strom zu See und Strom, von Fjord zu Fjord, sich nach ihren Nahrungszweigen in Renthier- und Fischer-Lappen theilend. Quänen und Lappen treten auch hier nicht in engere Beziehungen, als diese zwischen beiden und den Norwegern bestehen. Ihre Sprachen zeigen wohl, dass sie mit einander verwandt sind, aber doch nur etwa so, wie das Elen durch seine Klauen und sein Geweih an das Renthier erinnert, und geht die Verwandtschaft nicht so weit, dass sie ohne Vermittelung gegenseitig ihre Redeweise verständen; sie sind in Gestalt und Sinnesart verschieden, wie auch, um bei dem eben erwählten Bilde stehen zu bleiben, das hochwüchsige Elen, das seine Waffen sowohl gegen die Bären, als gegen den Wolf kehrt, verschieden ist von dem schüchternen und schmächtigen Renthier. Während die ackerbauenden Finnen, namentlich im eigentlichen Grossfürstenthum, deutlich fremde Kultur angenommen und eigenthümlich entwickelt haben, stehen die lappischen Nomadenstämme, wohl seit einem Jahrtausend und länger, auf derselben niedrigen Bildungsstufe. In geistiger Beziehung aber haben die, in die neuesten Zeiten fallenden, eifrigsten Bemühungen der christlichen Missionare sie nicht weiter gebracht, als bis zu dem Standpunkte, dass sie sich duldend taufen liessen und jetzt einigermassen die höheren Begriffe des lutherischen Christenthums zu erfassen und festzuhalten suchen; doch sollen noch manche Familien unbekehrt, der schamanischen Religion ihrer Väter treu, im Inneren des Landes umherziehen und bald hier und bald dort ihre Hütten oder Gammen aufschlagen. Dass Andere sich nur dem Scheine nach zum Christenthume bekennen, um des Schutzes der Behörden gewisser zu sein, ist eine Sache für sich. Wie übrigens in geistiger Hinsicht der Lappe gegen den Quäner zurücksteht, so auch in körperlicher; erscheinen diese als ein kräftiges Volk, sind jene sehr klein, schwach von Wuchs und kindlich, ja zuweilen kindisch von Gemüth.

Das Verhältniss der Norweger zu den Lappen ist noch heut ein finsterer, unheimlicher Punkt in der Geschichte derselben; dass sie, als kräftigerer, mächtigerer Volksstamm, bei ihrem Eindringen in diese Theile der europäischen Länder die vorgefundene schwache Urbevölkerung zurückdrängten und bis auf den kleinen Rest, der sich in die ärmeren Gegenden des höchsten Nordens rettete, ausrotteten, ist ein Bild, das sich, als der Ausdruck eines Naturgesetzes, in den verschiedenen Weltgegenden oder Welttheilen entweder wiederholt oder neu erscheint. Ebenso erklärlich ist es, dass von diesem kleinem Reste, der durch die Jahrtausende hin mit wunderbarer Zähigkeit sein elendes Leben im steten Rückgange fristete, einzelne Individuen und Familien durch ein allzuschweres Missgeschick dahin getrieben wurden, die Stille und Unschuld ihres nationalen Lebens zu verlassen, sich mit den, sich ja gerne aus allerhand Gesindel und Ausschuss rekrutirenden Sköiern in guter Kameradschaft zu verbinden und hierdurch den leichten Schritt vom Nomadenthum zum Fantenthum zu unternehmen. So erklärt es sich, dass ganz allgemein die niedrigsten Klassen des norwegischen Volkes, die gerade am häufigsten in die Lage kommen, Umgang mit den Lappen zu pflegen, denselben einen hohen Grad von Tücke und Hinterlist und daneben ein wunderbares Gemisch von Schamlosigkeit und kindischem Hochmuthe zur Last legen. In demselben Grade, wie diese Beschuldigung wahr sein mag, zeugt sie von der grossen Gewaltthätigkeit und Geringachtung, welche die Lappen in früheren Zeiten und noch jetzt von den Norwegern erdulden und fühlen mussten und gegen welche sie sich zuletzt, wie alle unterdrückten und schwachen Volksstämme, mit jenen unliebenswürdigen Eigenschaften wappneten und zu vertheidigen suchten.

Schon von jener Zeit ab, in welcher sich die normannischen Eindringlinge, unter der Bezeichnung „Bumanner", in diesen Distrikten niederliessen und die Urbewohner zur Seite drängten, hat wohl Feindschaft zwischen beiden Völkern herrschen müssen, welche im Laufe der Zeit von momentaner und motivirter Feindseligkeit zu unbegründetem und unbegrenztem Hasse und Verachtung anwuchs. Die alten nordischen Sagen erzählen ruhmredig viele Beispiele von der Art und Weise der Rücksichtslosigkeit, mit welcher die normannischen Vikinger und die Bauern die Lappen behandelten, und wie deren Gegenwehr darin bestand, dass die Zauberer derselben — die „Noaider", wie sie noch jetzt genannt werden, da ihre Rolle eben noch nicht ausgespielt ist — mit ihren Runenstäben, ihren Zauber- und Fluch-dosen, mit ihrem Gefolge von Hexen und alten Weibern, ihrer sichtlich werdenden Gabe der Verwandlung und mit einer unsichtbaren Schaar von Schutzgeistern, hier und dort im Gebirge auf eine jäh abfallende Felsenkante heraustraten, um mit dem, ihnen ebenfalls noch jetzt eigenthümlichen „juoigen" (Stösse in eine Art Horn und wilder, schauerlich klingender, lappischer Gesang) und mit ekstatischen, verzückten Geberden, die scheusslichsten Rachewünsche und die schwärzesten Verfluchungen, welche sie ihr finsterer, heidnischer Glaube gelehrt hatte, über die Norweger und die, von diesen eingenommenen Districte hinauszusenden. Es gehörte eine nur gering ausgestattete Einbildungskraft dazu, alle eintretenden Widerwärtigkeiten und unerwarteten Unglücksfälle auf Rechnung dieser Art Vertheidigung zu setzen und so den Hass mit dem Aberglauben und Vorurtheil, den wuoherndsten und zähesten Unkräutern im Volksbewusstsein, bis fast zur Unausrottbarkeit, verwachsen zu lassen. Es ist keinesweges nur das niedere norwegische Volk, in dem sich das, alles wahre Gefühl abstumpfende Vorurtheil und die Geringschätzung des Lappenvolkes erhalten hat, vielmehr beherrschte die Macht der ererbten Vorstellungen alle, und selbst die in anderen Beziehungen vollkommen aufgeklärten Klassen zu allen vergangenen Zeiten. In jenen Tagen, als auch noch der scandinavische Norden in seinem Glauben zu Rom stand, war Thronḋhjem der Sitz der Macht und des Glanzes eines hochberühmten Erzbisthumes, aber ganz nahe dabei, in den Gebirgen von Röraas, Selbo und Merager, rund herum um die reichen Klöster und Priestersitze, lebten immer noch die Lappen in ihrem düsteren Heidenthume. Wenig oder Nichts geschah in jener und der darauf folgenden Zeit, um Licht unter ihnen zu verbreiten und ihr trauriges Leben durch die Einführung höherer Gesittung umzugestalten. Erst im Jahre 1716 erstand ihnen in Thomas von Westen ein Apostel, dessen Missionseifer unter denjenigen Lappen, die, in den nächsten Gegenden um Throndhjem herum, den mannigfachen Berührungen mit den Norwegern sich nicht hatten entziehen können, dem Christenthume Siege gegen den angestammten Glauben verschaffte, doch nicht ohne die Landesgesetze zur Hülfe zu nehmen, welche schwere Strafen auf ein offenes oder geheimes Zurücktreten ins Heidenthum setzten. Dieser Theil der Lappen wurde aber, unter allen Umständen, der bei Weitem unglücklichste. Vollkommen ausgeprägte Sitte war es, — und wer weist bis zur Ueberzeugung nach, dass es nicht noch so ist? — dass, wenn sich ein Lappe auf einen norwegischen Christennamen hatte taufen lassen, er sich beeilte, seinen eigenen erzürnten Gott durch das Abwaschen der christlichen Taufe in vorgeschriebener, bestimmter Ceremonie zu versöhnen; ebenso wurden die Kinder, sobald als möglich, wieder durch einen lappischen Namen geweiht zu Ehren „Sarrakas, Radien-Kjedde's" und anderer heidnischer Gottheiten; und wenn der Lappe zum Altar gegangen war, so genoss er unmittelbar hinterher eine ähnliche Opfermahlzeit zum Preise seines altverehrten Götzen und glaubte auf diese Weise bewirkt zu haben, ohne „Rist-Ibmel" (Jesus Christus), den Gott der Christen, zu beleidigen, sich die Gunst Sarrakas und Sairos und seiner übrigen Abgötter zu erhalten.

Die, ihrem Stamme anhaftende Schlauheit und die, allen nomadisirenden Völkern eigene Beobachtungsgabe hatten die

Lappen jene abergläubige Furcht der grossen Masse des norwegischen Volkes vor ihrem mystischen Thun, so wie das blinde Vertrauen derselben auf ihre Zauberkünste leicht bemerken und erkennen lassen und sie zögerten begreiflicherweise nicht, sich diesen Aberglauben so viel als möglich zu Nutzen zu machen, um durch ihre vielfachen kleinen Kniffe und Listen einen Theil des Reichthumes der sesshaften Thalbewohner auf sich hinüberzulenken und ihrer Armuth und ihrem Elende dadurch abzuhelfen. So gestaltete sich ihr Leben allmählich zu einer Art kleinen Krieges gegen das ansässige Volk und jedes Eigenthum; an welchem Kriege vielleicht nur die sehr geringe Anzahl der wohlhabenden Heerdenbesitzer sich gar nicht, jedenfalls aber die bei weitem grössere Hälfte der Lappen - die ohne eigene Renthiere lebenden, die dienenden, die als jagendes und fischendes Prolätariat umherstreifenden — sich betheiligte. Und wie schwankend und unsicher ist bei solchem Leben Besitz und Reichthum? Wenn klimatische Einflüsse oder der Wolf oder Bär die Rentierheerde einer Lappenfamilie vernichtet, so dass letztere, ohne diesen Vermittler jeder Nothdurft, ihre Existenz nicht länger auf dem öden Gebirge zu fristen vermag, sondern in die niedriger gelegenen, norwegischen Districte hinabsteigen muss, so sucht sie, leicht erklärlicherweise, nicht die Nahrungswege, die Jene betreiben, welche ihre altgewohnte Heimath dort haben, — denn dazu fehlen dem lappischen Menschenschlage schon die physischen Kräfte, auch wird er überdies durch die Geringschätzung und den Unwillen, auf welchen er stösst, wohin er sich immer wenden mag, davon zurückgehalten — sondern es gräbt sich eine solche unglückliche Familie am Rande des Waldes eine Erdhöhle, deren Unsauberkeit und Elend nicht leicht der unglaublich erscheinenden Genügsamkeit der Bewohner zu gross wird. Von hier aus werden dann kleine Streifzüge in die unteren ständig bewohnten Distrikte unternommen, der Mann vielleicht mit einem oder dem anderen Geräthe versehen, um hörneren oder hölzerne Löffel und dergleichen kleine Gegenstände zum Verkauf zu verfertigen, das Weib mit bedeutungsvollen Zauberformularen, mit der Kunst des Wahrsagens und der Wissenschaft des Quacksalberns, die Kinder aber mit der ausgezeichnetsten Begabung zur Bettelei ausgestattet; Alle aber von einem gewissen mystischen Wesen umflossen, was eben, wie erwähnt wurde, dem Lappen- und Finnen- namen überall folgt und ihnen allerorts Eingang verschafft. In solcher Weise fristet eine Familie leicht ihr Leben und ist, nach bald befriedigtem Bedürfniss, schon zufrieden, dass sie es nach ihrem Geschmacke fortsetzen und sich durch Generationen fortpflanzen und verjüngen kann. Daher zeigen sich denn auch stets neue „Bettel-Lappen" im Amte Throndhjem, theilweise auf dem Lande umherstrolchend und anderentheils im Sommer in ihren elenden Booten längs der Meeresküste den Strand von Fjord zu Fjord heimsuchend. Im Allgemeinen zeigt sich übrigens jetzt gegen die grosse Menge, welche sich noch in der nicht weit zurückliegenden Vergangenheit bemerkbar machte, eine grosse Abnahme. Auch der Umstand, dass die Anzahl der Familien des besseren Theiles der lappischen Raçe, welcher in seinen altgewohnten Wohnsitzen im Gebirge verblieb (wenn man die in periodischer Wiederkehr besuchten Waldweiden so bezeichnen darf), bei weitem nicht mehr die Höhe erreicht, welche Thomas von Westen, als in den südlichen Gegenden des Districtes Throndhjem und Osterdalen vorzufinden, angiebt, beweist deutlich die geringe und allmählig ersterbende Lebenskraft in diesem Volke.

Im Laufe der Zeit vermochten natürlich diese umherstreifenden Familien von verarmten Lappen sich vor einer stets wachsenden Versunkenheit und erschlaffenden Gleichgiltigkeit gegen alles irgendwie Edlere nicht zu bewahren und wurden dadurch allmählich zu einer Art Fantenvolk gestempelt, selbst dort, wo sie sich isolirt hielten und nicht gemeinschaftliche Sache mit den, bis hier herauf strolchenden Sköiern machten. Aber höchst auffallend ist es, wie selbst in diesem niederen Kreise der Bettel-Lappen sich noch die zähe Kraft der Nationalität geltend zu machen vermochte. Es ist noch eine deutlich hervortretende Finnengeartung in diesem, einen so traurigen Anblick darbietenden, hinsterbenden Volksreste zu erkennen, wenn schon er sich, durch viele Generationen hindurch, stets nur in den tiefsten Schichten und der Hefe des Volkes bewegt und aufgehalten hat. Man sollte glauben, dass diese Unglücklichen bei ihrem Elende ganz in dem Tatervolke und dem Sköierpack hätten aufgehen oder wenigstens mit ihnen hätten zusammenschmelzen müssen, wenn sie wiederholt ihr unstäter Wandel mit ihnen auf dem Bettelpfade zusammenführte — und doch ist dies keinesweges geschehen. Die grosse Masse des norwegischen Volkes — namentlich des Bauernstandes, der eine wunderbare Fertigkeit darin besitzt, solche für die Mehrzahl unerkennbare Verschiedenheiten herauszufühlen und zu beobachten — trennt auch, noch heut, die Bettel-Lappen von den übrigen Fanten und stellt sie in seiner Beurtheilung um eine Stufe höher, indem sie, in ihrer kräftigen und malenden Ausdrucksweise, von diesen sagt, dass sie „wahre Scheusale" seien, während jene doch, um wieder ihren eigenen Ausdruck zu gebrauchen: „noch wie Leute leben." — Ebenso ist es eine Thatsache, dass, wie die Tater, die raschen, aufbrausenden Asiaten den kleingewachsenen Lappen, den unansehnlichen „Lallarö" (d. h. den Stammelnden, Einer der eine ihnen unverständliche Sprache redet), wie sie ihn bezeichnen, höchlichst verachten, ihrerseits aber auch die bedauernswerthen Bettel-Lappen sich für zu gut gehalten haben, um sich in Gemeinschaft mit den Landstreichern, die nicht von ihrem Blute waren, einzulassen.

Für die andererseits vorgekommenen Fälle, dass hier und da ein einzelner Lappe sich an die Sköier angeschlossen und ihre Kaste vermehrt habe, spricht es deutlich, dass ebenso wie man nämlich bei den Fantenhorden im südlichen Norwegen in ihrem Labbelensk einzelne Wörter wiederfindet, die nothwendigerweise von den Waldfinnen jener Districte erlernt sein müssen, man auch dergleichen lappische erkennt. Unbedingt haben die Horden und Haufen derselben Kaste, welche im Wester- und Norder-fjeld'schen herumstreiften, Gelegenheit gefunden, ihre Fantensprache mit verschiedenen Ausdrücken zu schmücken und zu bereichern, welche darthun, dass eine Art geheimer Umgang zwischen ihnen und den Bettel-Lappen stattgefunden haben muss. So ist, um nur ein Beispiel anzuführen, aus dem Hauptworte „juoigen", das den mystischen Hornruf oder den Zaubergesang der Lappen bedeutet, das Zeitwort „jöiga" gebildet, welches unter den Sköiern des ganzen Skandinaviens gebräuchlich ist und für „singen" angewendet wird. Fast noch deutlicher beweisend ist aber der Umstand, dass die Sköier im Aggerhuusstifte, und namentlich in Romerige, sich den Gottesnamen „Krist-Jumlia" aus dem „Jumala" der Waldfinnen gebildet haben, während in der Sköiersprache des Stiftes Throndhjem Gott „Gjeddo" genannt wird; ein Name, der wahrscheinlich nichts Anderes ist, als eine hinsterbende Erinnerung an den „Kjedde" oder „Radien Kjedde,' einen heidnischen Obergott, von dem Thomas von Westen berichtet, dass er ihn beim Antritt seiner Missionsthätigkeit vorfand, und dessen Wesen und Namen noch bis zur Stunde nicht ganz in seinem Volke untergegangen zu sein scheint, wenigstens von den Renthierlappen im Gebirge keinesweges vergessen ist.

Die Zukunft des Fanthenthumes.

Nachdem wir nun diese verschiedenen, gering und am niedrigsten auf der Stufenleiter der Civilisation stehenden Bruchtheile des, das norwegische Volk bildenden Conglomerats in ihren, unbedingt interessanten Lebensbedingungen und Erscheinungen betrachtet haben, ist es wohl gerechtfertigt einen Blick von ihrer Gegenwart ab auf ihre Zukunft zu wenden. Zum Heile des gesammten sesshaften Volkes, so wie selbstverständlich auch zu seinem eigenen, wahren Heile wird das Vagabondenthum und Wanderleben auch hier in Norwegen allmählig mehr und mehr schwinden und geordneten Verhältnissen Platz machen, so dass es immer vereinzelter auftreten und, erst einmal des romantischen Mantels, der es jetzt noch umkleidet, beraubt, dann auch seine ekelen Schattenseiten so sichtlich hervortreten lassen wird, dass selbst die Fanten sich nicht mehr darüber werden täuschen können, und mit dem Sehnen nach anderen, besseren Zuständen, den ersten Schritt zu gänzlicher Aenderung der Verhältnisse werden thun müssen. Es sind hier weniger die rodende Flamme und die lichtende Axt, welche die sicheren Schlupfwinkel der Wälder mindern, noch die, Moräste und Sümpfe trocknenden, Flüsse überbrückenden und Felsen sprengenden Arbeiten des Wegebauers, welche der Obrigkeit leichtere Communikation verschaffen, oder gar der, auch im äussersten Norden bereits seine eisernen Netzesfäden spinnende Telegraph, der die kennzeichnenden Steckbriefe voraussendet, um den bisher durch schnellen Ortswechsel gesicherten Verbrecher bereits entlarvt zu empfangen, in's Auge gefasst, als die Veränderungen, welche die fortschreitende Aufklärung des ganzen Volkes herbeiführt. Diese ist es, die dem Vagabondenthum das Grab gräbt. Der Nimbus, mit dem der Aberglaube dasselbe umgab und noch zum Theil umgiebt, erhielt das Volk der Fanten und fristet ihm noch das Dasein. Furcht sichert nicht nur der schwarzäugigen Taterhexe, sondern auch dem alten Sköierweibe die Erfüllung ihrer Bitte um des Lebens Nothdurft, macht ihre Prophezeihungen gesucht und geglaubt und ihre Segnungen willkommen. Die in den letzteren versteckten Verwünschungen sind, nach der Ueberzeugung des allgemeinen bäuerlichen Aberglaubens, leicht durch Schutz- und Sicherheitsmittel zu entkräften und in diejenigen wahren Segnungen zu verwandeln, die sie nach ihrem Wortlaute enthalten. Solcher schützenden Listen giebt es vorzugsweise zwei, die der Bauer gegen den gefürchteten bösen Geist anwendet, den er im Fremden verborgen wähnt. Es wird ein aus Schwämmen und Pilzen gekochter Leim, scheinbar zufällig übergegossen, auf die innere Seite der Schwelle geschüttet, neben ihm muss jede Hexe mit grosser Vorsicht vorbeischlüpfen und kann ihn auf keinen Fall übersteigen; bei dem anderen Mittel aber muss irgend ein Hausgenosse, dem, mit Zuvorkommenheit und Freundlichkeit im Gesicht entgegengetretenen Fremden in demselben Augenblick, in welchem er die Thür hinter sich schliessen will, einen, eiligst von dem Heerd gerissenen Brand, noch ehe die Thür ganz verschlossen ist, rauchend nach und auf den Fussboden schleudern. Selbstverständlich erbittert dieses falsche Spiel den Fanten, das allgemein verständliche Anzeichen des unwürdigsten Vorurtheils nährt den Hass desselben und stärkt die Scheidewand, welche die, auf das Empfindlichste Gekränkten von der Gesittung und dem ansässigen Volke trennt.

Eigenthümlich ist die Erscheinung, dass gerade dort, wo die, mit dem Aberglauben geschwundene Furcht vor Zauberschäden der Erhaltung des Fantenlebens Abbruch thut, andererseits ein Zug des, bei den Norwegern so lebendig wirkenden, praktischen Christenthumes ihr wiederum Vorschub leistet. Es ist dies die, aus der katholischen Zeit übrig gebliebene Lehre: „Um Gottes Willen Gutes zu thun und von seinem Besitze mitzutheilen, wo und wie auch gebeten wird!" Und nicht allein der Wunsch und die Ueberzeugung, durch Werkthätigkeit Gottes Wohlgefallen zu gewinnen, kommt dem bettelnden Landstreicher zu Gute, sondern auch noch eine Nationaleigenschaft, um nicht zu sagen, ein Nationalfehler. Es ist dies die Eitelkeit, die in einem gepriesenen und darum oft durch Uebertreibungen aller Art zur Schau gestellten Wohlstand den Grundstein für das Ansehen eines Hauses sieht. Wo keine Art des Zornes und der Racheäusserung von der vorgeschrittenen Aufklärung mehr gefürchtet wird, herrscht dafür meist bei dem Bauer, wie bei der Hausfrau, die Angst und Sorge, dass der Landstreicher, dem das Almosen verweigert ist, in den benachbarten Häusern sich über die bewiesene Härte und den dadurch verrathenen Geiz beklagen und dort vielleicht durch Neid willig gestimmte Ohren für seine wohlberechneten Aeusserungen finden wird. Thatsächlich wusste auch planmässig durchgeführte Rache in einzelnen konstatirten Fällen mit erstaunenswerther Geschwindigkeit und Sicherheit in ganzen Distrikten das Gerücht zu verbreiten, dass es in einem betreffenden Hause mit dem Wohlstande zurückginge; ein Gerücht, welches hier weniger dem, nicht in Anspruch genommenen Kredit, als der vermeintlichen Ehre Schaden zufügt.

Ein weiterer Umstand, welcher das Vagabondenthum eher begünstigt, als es mindert und hindert, ist die von der Civilisation und dem Gesetze herbeigeführte Aufgabe der patriarchalischen Sitte, geg endas Eigenthum und die persönliche Sicherheit begangene Vergehen und Verbrechen, im Falle der Macht, mit augenblicklicher Strafe abzufertigen. Die Lokalverhältnisse — von der Gestaltung des Landes ist die Zerstreuung der Bevölkerung in einzelne Gehöfte und weite Districte abhängig — machen eine jede Anrufung der Obrigkeit, zur Dazwischenkunft und zur Anwendung des Gesetzes, zu einer schwierigen und Zeit raubenden Aufgabe. So läst man denn darum lieber diejenigen Gesetzesübertreter, die zu dem Geschlechte der Fanten gehören, selbst wenn sie auf frischer That ertappt werden, ziehen und beschränkt sich höchstens darauf, ihnen das gestohlene Gut wieder abzunehmen. Ja die Furcht vor den, mit einer Anzeige verbundenen Unbequemlichkeiten und Weiterungen, die dem Bauer oft drückender sind, wie dem Fant eine kurze Gefängnissstrafe, sind so gross, dass zuweilen ein kleiner Besitzer sein einziges Pferd und seine Karre anbietet und selbst den Skydsjungen macht, um nur den beim Verbrechen Betroffenen schleunigst weiter zu schaffen. Diese Gründe machen es ferner erklärlich, dass in den Fjorddistricten häufig der Bauer und seine Söhne sich als Ruderer in das eigene Boot setzen, um die unwillkommenen Gäste vom heimgesuchten Hofe in einen benachbarten District zu führen. Unterstützt wird dies Verfahren durch das, in der dienenden Klasse allgemein herrschende Vorurtheil gegen eine Beschäftigung mit dem Bettelvolke, und es ist kein zu seltener Fall, dass ein Dienstknecht lieber durch versagten Gehorsam seine Stelle verlor, als dem Befehle seines Herrn nachzukommen, einen Fanten zum Lehnsmann zu führen, weil dies die Verrichtung eines Bettelvogts ist, zu welchem Amte, mit der völlig aufgenommen Spottbezeichnung König, der niedrigste und verachtetste, meist auch unlauterste und roheste Insasse des Bezirks genommen wird.

Wie jedes Ding aber seine zwei Seiten hat, so erzeugte die Abneigung des Bauernstandes gegen jede in Anspruchnahme der Behörde, als Reaktion der daraus hervorgehenden Begünstigung des Vagabondenthums, ein nicht zu unterschätzendes, aber keinesweges gut zu erachtendes Gegenmittel. Der lange Druck und die vielfachen Unbilden, welche der Bauer vom Fanten zu erdulden hatte, häufte in einigen Districten eine solche Summe von Hass, dass sich die Erbitterung in nicht zu rechtfertigender Weise jetzt Luft macht. In Oerkedalen, wo in dem Kirchspiele Rennebo ein kräftiger Schlag Gebirgsbewohner seine Heimath hat, gedieh das Fantenthum früher ebenso gut, als irgendwo anders; jetzt aber sind die Bewohner über das Unwesen so aufgebracht, dass sie sich, wenn und wo sich nur ein fremder Bettler in ihrem Bezirke zeigt, versammeln und ihn in einer Weisse misshandeln, die selbst nur zu den ärgsten Excessen gezählt werden kann; wesshalb Rennebo ein so verrufenes Stück Landes, gerade für die ächten Fanten, ist, dass diese lieber mit weiten Umwegen über steile Gebirgspfade dasselbe umgehen, als es durchstreifen. Auch im Stifte Akershuus haben sich einzelne Gegenden durch gemeinsame thätliche Abwehr der Besuche dieser schmarotzenden Gäste entledigt. Ein anderer, milderer Beweis dieses Hasses und der Verachtung ist die, bei dem oft eintretenden Falle der Geburt eines Fantenkindes in irgend einer Häuslerhütte, hervortretende Schwierigkeit, im Bauernstande oder der, bei ihm dienenden Klasse Pathen zu finden, um das unglückliche und unschuldige Wesen aus der Taufe zu heben. Mehr als einmal wiederholte sich der Fall, dass die Mitglieder der Predigerfamilie die Gevatterschaft bei einem solchen Kinde übernehmen mussten. — Auch in überlegten Anklagen vor der Obrigkeit drückt sich oft ein so tiefer Hass gegen das übelberüchtigte Volk aus, dass er in diesen Aeusserungen noch grausamer erscheint, als in einer augenblicklichen Erhitterung, die beispielsweise in einem nordenfjeldschen Districte einen, beim Diebstahl in einem, während des Fischfanges unbewacht gebliebenen Gehöfte, ergriffenen Fant ohne Ruder in einem alten Boote bei Seewind in das offene Meer stiess und so dem sicheren Untergange weihte. Mit Kälte und anscheinender Seelenruhe sehen die Kläger dann von dem, mit eiserner Strenge ahndenden Gesetze, um weniger Schillinge Werth halber, mehrund vieljährige harte Zuchthausstrafen über den Betroffenen verhängen.

Nach der Betrachtung des gegenseitigen Verhaltens der allgemeinen Bevölkerung und der, sich als mehr oder weniger ausserhalb der übrigen Gesellschaft stehend ansehenden Fanten, erübrigt noch der Blick auf das Verhältniss der Obrigkeit zu denselben. Es giebt in ganz Norwegen kaum eine Klasse von Beamten, die nicht ihre Noth und Beschwerde mit denselben hätte. Die Kriegskommisssion kann die in ihren Aushebungsrollen verzeichnete junge Mannschaft nicht herbeischaffen; die Districtsärzte haben grosse Mühe durch sie, als Quelle und Verbreiter ansteckender Krankheiten, denen ihr rastloses Umherstreichen den ungeheuersten Vorschub leistet, wie dasselbe, verbunden mit der vorzüglichsten Lokalkenntniss der wildesten Grenzgegenden, sie auch oft persönlich zum Schmuggeln verleitet, oder sie den professionellen Schmugglern treffliche Dienste als Spione gegen die Zollbeamten leisten lässt; die Diener der Justiz und der Kirche liegen aber natürlich vorzugsweise in steter Fehde mit ihnen. Am allerschlimmsten sind aber die Administrativbeamten daran, welche als Mitglieder der Armenkommissionen sich mit ihnen zu beschäftigen haben. Das ganze Land ist nämlich in Districte zerlegt, die ihre, durch Besteuerung der Besitzenden des Bezirkes aufgebrachte Armenkasse mit völliger Selbstverwaltung haben. Fast nie wendet sich ein ächter Fant, der das natürliche Recht des Bettelns dem ihm verliehenen Rechte des Hülfeforderns von Seiten der Kasse vorzieht, an eine solche Armenkommission, wird aber oft von dem Lehnsmanne und noch öfter von dem Prediger an eine solche gewiesen, deren geistliche Mitglieder dann häufig, mit durch Religionseifer verhärtetem Herzen, den unglücklichen Eltern die Kinder wegnehmen lassen, um deren Seelenheil zu retten — wodurch das physische und moralische Elend jener freilich noch vermehrt wird. Aber nicht allein in einem solchen Falle, oder wo es sich um die Uebernahme eines hinfälligen Greises zur Erhaltung durch Districtsmittel, oder auch nur um Bezahlung der vier schmalen Bretter und sechs Schuh Erde handelt, die zur Bestattung eines auf rastloser Fahrt am Wege oder unter fremdem Dache gestorbenen Elenden erforderlich waren, sondern schon bei der einfachen Pflichterfüllung in Leistung der, vom Gesetze vorgeschriebenen Gabe entspinnen sich langwährende und schwierige Untersuchungen über das Bürgerrecht des Ansuchenden in dem betreffenden Districte. Dass bei Ergründung dieser oft vollkommen unlösbaren Aufgabe — besonders bei Fanten, die alles Mögliche thun, um ihren Lebenslauf zu einem unergründlichen Mysterium für jeden Anderen zu machen, und deren wirkliches Heimathsrecht zu erforschen eine genaue Verfolgung der Wanderungen ihrer Väter, ihrer Mütter und oft der Grosseltern, mit allen Unterbrechungen durch Haft in den Gefängnissen, und ihren häufigen Namensänderungen, nach kecken Ausbrüchen und listiger Flucht, bedingen würde — oft lange und hartnäckige Federkämpfe entstehen, ist erklärlich, und unzählige Processe werden im Lande geführt, mit einem Aufwande von diplomatischen Unterhandlungen, spitzfindigen Einwänden und Advokatenkniffen, um die Geldauszahlung abzuwenden oder nach erfolgtem Spruche Aufschub zu gewinnen. Unter diesen Umständen ist es denn begreiflich, wenn, bei nicht günstiger Aussicht für das Gewinnen eines solchen Processes, es in dem betreffenden Districte nicht geradezu ungern gesehen wird, dass der, zur Verhandlung der Sache den positiven Grund und Boden bietende Fant seine Wanderung in dem benachbarten Districte fortsetzt oder wieder beginnt. Freilich sind ihm hierbei die Districtswächter oder Bettelvögte, welche die Grenzen aller benachbarten Bezirke scharf bewachen und sich meist so feindlich einander gegenüber stehen, dass es unter ihnen selbst zu einer Art Krieg kommt, hinderlich. So führt denn, gerade seinem guten Zwecke entgegengesetzt, das Armengesetz zu dem Resultate, das Fantenthum, nach wie vor, seinem Schicksale zu überlassen, um dadurch die Armenkommissionen von der, mehr mühevollen als nützlichen Sorge zu befreien.

Die, durch weite Reisen des Gerichtspersonales bedingte und für den Staat so drückende Kostspieligkeit und Weitläuftigkeit der Rechtsbehandlung der Vergehungen und Verbrechen, welch letztere meist eine lange Aufrechterhaltung der Haft erfordert; so wie die Schwierigkeit der Bewachung eines Eingebrachten, welche die Bauern zu übernehmen verpflichtet sind; als auch der Mangel an zweckmässigen und hinreichenden Zwangsarbeitshäusern; und endlich die Unpopularität der Bestimmung, welche der Polizeigewalt das Anrecht zuspricht, „Fanten und Müssiggänger", trotz eines entgegenstehenden Paragraphen des Grundgesetzes, bis zur Dauer von sechs Monat in ein Zwangsarbeitshaus zu stecken, sind sämmtlich ebenfalls mächtige Faktoren für eine fernere Aufrechterhaltung dieses Krebsschadens für das allgemeine Wohl Norwegens. Wenn aber selbst diesen einzelnen Hindernissen einer Radikalkur plötzlich ein Ende gemacht würde, wenn die Bezirkswächtereinrichtung und das Passwesen, die in ihr Gegentheil umschlugen und dem Vagabundenthum förderlich wurden, aufgehoben, und wenn der ärgerliche Bruch des Hausfriedens, statt des Ausübens einer harmlosen Profession ohne einen dazu bevollmächtigenden Erlaubnissschein, im Gesetze als Verbrechen angesehen würde, so würde darum doch der Gang des Fantenwesens nicht eher zu hemmen, geschweige denn ihm der Untergang bereitet sein, als bis die öffentliche Meinung sich in ihrer Anschauung über die Fanten umgestaltet hätte. Diese betrachtet von vorn herein die Fanten als ausserhalb der übrigen staatlichen Gesellschaft stehend, als etwas Fremdes, jeden Einzelnen nur in soweit, als es der eigene Schutz verlangt, etwas angehend; und diese selbst erhalten gern diese Meinung aufrecht, bei der sie sich gut befinden, da ja der Wille des Gesetzes nur innerhalb gewisser Grenzen herrscht und nicht bis zu dem tiefen Grunde reicht, auf dem diese Hefe der staatlichen Gesellschaft ruht. Es giebt eben nur ein Mittel zur Heilung der Wunde, und dies ist: eine so allgemeine Aufklärung und Civilisation des ganzen Volkes, damit es die entgegenstehenden Vorurtheile schwinden lässt, welche es bisher verhindern, sich mit den tief Gesunkenen der Art zu beschäftigen, um selbst im Stande zu sein, zu entscheiden, wo es berechtigte Bitte, wo es ungesetzliches Verlangen sich nahen sieht, und dass es dann seiner Verpflichtung zur Hülfe, mit richtiger Wahl der Mittel, nachzukommen versteht. Ob Aussicht vorhanden ist, in solcher Weise durch eigene Tugend die Rohheit und das Laster der Fanten zu überwinden, der Noth derselben abzuhelfen und sie auf den rechten Weg zu bringen, um die norwegische Gesellschaft von dieser Plage zu befreien, das ist eine Frage, die der geneigte Leser, der diesen Schilderungen bis hierher folgte, sich selbst beantworten möge.

In **Carl Heymann's Verlag** (Julius Imme) in **Berlin**
sind erschienen und durch alle Buchhandlungen zu beziehen:

Aufzeichnungen des schwedischen Dichters P. D. A. Atterbom

über berühmte deutsche Männer und Frauen, nebst Reiseerinnerungen aus Deutschland und Italien aus den Jahren 1817—1819. Aus dem Schwedischen übersetzt von **Franz Maurer**. 8. Broch. Preis: 1⅓ Thlr.

Aus dem Oesterreichischen Klosterleben.

Ein Beitrag zur Sittengeschichte des neunzehnten Jahrhunderts. Von Dr. **A. E. Wagner**. gr. 8.
1. Band. Zweite Auflage. Broch. Preis: 1½ Thlr.
2. Band. Zweite Auflage. Broch. Preis: 1½ Thlr.
Das Gesammtwerk. Zweite Auflage. Broch. Preis: 3 Thlr.

Die Nikobaren.

Colonial-Geschichte und Beschreibung nebst motivirtem Vorschlage zur Colonisation dieser Inseln durch Preussen. Von **Franz Maurer**. Mit 4 Karten. 8. Preis: broch. 1⅓ Thlr., eleg. gebd. 1⅔ Thlr.

Eine Reise durch Bosnien, die Saveländer und Ungarn.

Von **Franz Maurer**. Nebst einer Karte über Franz Maurer's Routen in Bosnien, zusammengestellt nach dessen Skizzen und Reisetagebuch von **H. Kiepert**. gr. 8. geh. Preis: 2 Thlr.

Geschichte der Vereinigten Staaten von Amerika

von der Gründung der Kolonien bis auf unsere Tage. Von **Karl Friedrich Neumann**, vorm. Professor an der Universität zu München. 3 starke Bände. gr. 8. Broch. Preis: 9 Thlr.

Staats-Almanach für das Königreich Preussen

herausgegeben von J. **Niedersteller**, Polizeirath zur Disp., Kreisdirector der Norddeutschen Grund-Kredit-Bank, Ritter etc. III. Jahrgang. gr. 16. Eleg. broch.: 1 Thlr., in Callico geb. mit Goldpressung: 1⅓ Thlr.

www.ingramcontent.com/pod-product-compliance
Lightning Source LLC
Chambersburg PA
CBHW020105170426
43199CB00009B/406